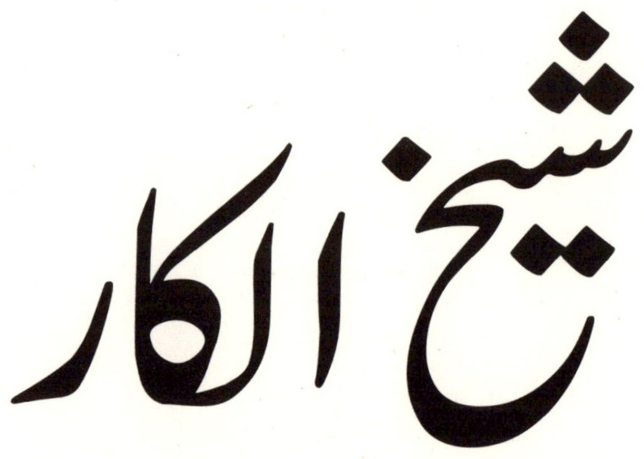

شيخ الكار

السُّلطة والسُّوق والنَّاس في دمشق العثمانيَّة

مهنَّد مبيضين

دار جامعة حمد بن خليفة للنشر
HAMAD BIN KHALIFA UNIVERSITY PRESS

الطبعة العربية الأولى عام ٢٠١٨

دار جامعة حمد بن خليفة للنشر
صندوق بريد ٥٨٢٥
الدوحة، دولة قطر

www.hbkupress.com

شيخ الكار

الترقيم الدولي: ٩٧٨٩٩٢٧١٢٩٠٧٠

مكتبة قطر الوطنية بيانات الفهرسة- أثناء- النشر (فان)

مبيضين ، مهند ، مؤلف.

شيخ الكار: السلطة و السوق و الناس في دمشق العثمانية / تأليف مهند مبيضين. ــ الطبعة العربية الأولى. ــ الدوحة : دار جامعة حمد بن خليفة للنشر ، 2018

صفحة ؛ سم

تدمك : 978-9927-129-07-0

1. دمشق (سورية) -- تاريخ. 2. دمشق (سورية) ــ أحوال وعادات اجتماعية. 3. دمشق (سورية) ــ تراجم. 4. دمشق (سورية) ــ الجوانب الاقتصادية. ج. العنوان.

DS99.D9 M83 2018

956.91– dc23

201826870022

إهداء

إلى إيمان

المحتويات

الاختصارات:

1. العربية

أ : الجهة اليمنى من المخطوط

ب : الجهة اليسرى من المخطوط

ت : توفِّي

ج : جزء

د.ت : من دون تاريخ نشر أو نسخ.

د.ط : من دون طبعة

د.م : من دون مكان نشر

ص : صفحة

ظ : ظهر الورقة

ع : العدد

ق : الورقة

ق.ق : ورقة - ورقة

م : التاريخ الميلادي

مج : المجلد

جلد : جزء بالعثماني

هـ : التاريخ الهجري

و : وجه الورقة

الظاهرية : دار الكتب الظاهرية في دمشق.

2. الأجنبية:

P	: Page
PT	: Part
V	: Vol.
Ed	: Edition
Edt	: Edited
B.S.O.A.S	: Bulletin of the School of Oriental and African Studies.
E.I.[1]	: Encyclopedia of Islam 1st Ed.
E.I.[2]	: Encyclopedia of Islam, 2nd, Ed.

المقدِّمة

عن دمشق

« ... وقال ابن بطوطة: ودمشق هي التي تفضل جميع البلاد حُسنًا وتتقدَّمها جمالًا، وكلُّ وصف وإنْ طال فهو قاصر عن محاسنها. وقال أبو الحسين بن جبير رحمه الله: وأمَّا دمشق فهي جنَّة المشرق. ومطلع نوره المُشرق، وخاتمة بلاد الإسلام التي استقريناها، وعروس المدن التي اجتليناها».

نعمان أفندي قساطلي

(كتاب الروضة الغنَّاء في دمشق الفيحاء- مختارات)

الذين زاروا دمشق وعرفوها، وأحبُّوها وسكنوها، قد يكونون افتُتنوا بجمالها وخضرتها وحيويَّة نسائها، وليلها الغارق برائحة الورد، وبيوت الطين وكلام السُمَّار. لكنَّهم ربَّما لم يحقِّقوا الأُلفة معها، فهي غامضة، لا تهبُ سرَّها للعابرين أو الطارئين، أو كما يقول أهل الشام «مرَّار الطريق».

ليست دمشق التي تحتجب عن ملاحظة المهتمِّ بها، والمريد الذي يهوى صِباها ورياضها، ويعي تاريخها وأيَّامها، كلَّ ذلك التاريخ المليء بالأحداث والعبر والوقائع والأيَّام ومواسم الفرح والحزن وبطش الغزاة وأسعار السوق مدوَّن ومحفوظ، و برغم الاضطراب والفتن ليس من أهل مدينةٍ أكثر تقديرًا للورد والأزهار والحياة من أهل الشام، وذلك دليل حبٍّ وشغف بها.

تبدأ دمشق الزمن العثماني بتدوين حثيث من قِبل مؤرِّخي اليوميَّات الدمشقية، مطلع القرن السادس عشر الميلادي، فيضعنا محمد بن طولون الصالحي (ت:953هـ/ 1546م) وكذلك المؤرِّخ أحمد بن محمد الأنصاري الشهير بابن الحمصي (ت:934هـ/ 1527م) مع إطلالة عصرٍ جديد، هو

زمن آل عثمان الداعي لهم بقوله: «أيّد اللهُ ملكَهم»، لتقدِّم اليوميَّات حوادثهم وأمورهم وصورة الواقع والتحوُّل المأمول، عاكسة ظروف الناس وحياتهم، وسياسات الولاة وأحوال الأسواق.

ويستمرُّ التدوين اليومي في القرنين السابع عشر والثامن عشر الميلاديين فتحضر دمشق بتفاصيل حياتها اليومية، مع مؤرِّخي اليوميَّات الشامية أمثال محمد بن كنَّان الصالحي (ت:1153هـ/ 1740م)، وأحمد بن بدير الشهير بالبديري الحلَّاق (ت:1175هـ/ 1762م) وكذلك مع حسن الصديقي الشهير بابن الصديق (كان حيًّا 1186هـ/ 1172م).

طوال الزمن العثماني حرص المؤرِّخون في دمشق وأهل الأدب والتصوُّف والعلماء على التدوين، وكتابة تاريخ الناس والمدينة والفئات الاجتماعية، من أعيان وشيوخ وأهل الكار والغناء، وحتَّى أشرار الزمان وُضعت لهم مصنَّفات وأخبار تروي تفاصيل حياتهم ومواقفهم وعلائقهم مع بعضهم، ومع السلطة السياسية، كما أُفردت الرسائل والأثبات والمشيخات والمتون لتحكي حكاية دمشق وناسها من كبار الأعيان من أهل القضاء والإفتاء والأشراف والفقراء وأهل الجذب وأرباب الأقلام.

لم يعلن الكتَّاب من أصحاب اليوميَّات والأدب والحوادث أنَّهم يكتبون تاريخًا صرفًا، بقدر ما جمعوا أخبار زمانهم ونوادره وظروف العلم وأحوال المعلِّمين والولاة من الذين تراوحت صور تقييمهم بين «وكان عادلًا» أو «كان ظالمًا» أو «من أهل الحُكم» أو «رجلًا ذا هيبة ووقار... عالمًا فاضلًا» أو «من عجائب الدنيا» أو «كان من الخوارج وسيرته غير حسنة».

وحفظتْ لنا وثائق المحاكم الشرعية والفتاوى ومجاميع الخطب ودواوين الشعر والتراجم تاريخًا آخر، تاريخ الصفوة والمجتمع بعلاقاته المتعدِّدة، إذ تقدِّم السجلَّات الشرعية والوثائق العثمانية تفاعل المجتمع وتداخل علائقه في الاقتصاد والسياسة والاجتماع، وتفصح الفتاوى عن ظروف الناس وأحكام الشرع التي صدرت عن المفتيين، وهي وإن كانت مجرَّد نصوص فقهية برأي البعض، إلَّا أنَّها تمثِّل رصدًا لوقائع المجتمع ونوازله.

هذا الكتاب هو مسيرة بحث طويل، امتدَّ لأكثر من عقدين، وهو جزء من جهد معرفي بدأ أواسط التسعينات من القرن المنصرم، وقد حاولنا فيه تقديم المدينة العثمانية في مختلف أوجه التفاعل السياسي والاجتماعي والاقتصادي.

شيخ الكار، عمل يمدُّنا بصورة عن حياة الدمشقيين وظروف الولاة وحروبهم وصراعهم المرير مع البدو من أجل قافلة الحجِّ وضمان أمنها، وكانت حدَّة الصراع بلغت أوجها مع الشيخ

كليب الفواز السردية شيخ مشايخ حوران وأميرها في الربع الأوَّل من القرن الثامن عشر، وهو حديث لا ينفصل عن الظروف العامَّة للإمبراطورية العثمانية التي كانت تشهد ضعفًا عامًّا وتراجعًا كبيرًا، كما أنَّ البحث في هذا الكتاب يقطع بوجود نموٍّ للحكم المحلِّي في دمشق واستقرارٍ في معدَّل بقاء الولاة في منصب الولاية، وكلٌّ ذلك كان مرتبطًا بحفظ وتأمين سلامة قافلة الحجِّ.

تُقدِّم المصادر التاريخية صورة حيوية عن دمشق العثمانية بناسها المتعدِّدي الانتماءات والمختلفي الطبقات والمراتب الاجتماعية، فهناك الأعيان والأكابر والمقدمون بين الناس، وهناك الفقراء والغلابى والزعران، وهناك مجتمع العلماء وأهل الأدب، ولكلٍّ مِن هذه المجاميع علاقاته المتينة بالحركة الصوفية وتقاليدها، وفي هذا المجتمع في الزمن العثماني تعمَّق دور العسكر في الفوضى والاضطرابات، كما حاول العلماء لعب دور الوسيط بين الرعيَّة والحكَّام، ونجحوا في الدفاع عن مصائر الناس ورفض سياسات الولاة، لكنَّهم واجهوا النفي أو «السركنة» بتعبير المصادر المحلِّية.

في الزمن العثماني تضاعف حجم دمشق العمراني من حيث عدد البيوت كما تشير المصادر، وظهر اهتمام جليٌّ بالعمران وإقامة المنشآت العمرانية في المدينة من قِبل الولاة والأعيان وقادة الجند وكبار أرباب الأقلام، وشكَّلت بيوت النخبة بداية ظهور لنمط عمراني متأثِّر بالأسلوب الغربي نهاية القرن التاسع عشر، لكنَّ الدار الدمشقية التقليدية ظلَّت مبتغى الدمشقيين عمومًا، وتفنَّن العلماء والولاة بتدشين القصور والدُور ذات البيوت المتعدِّدة الأغراض والزخارف المختلفة والأنماط المتعدِّدة في الزينة.

في الزمن العثماني، يندر أن نقرأ شيئًا عن أخبار النساء، بالكاد يشير المؤرِّخون إلى ولادة ولد أو وفيَّات زوجاتهم وأمَّهاتهم أو زفاف إحدى بناتهم لأحد أبناء الأعيان، ولا نقرأ إشارات ذات قيمة عن الحياة الخاصَّة أو الدور العلمي للمرأة، وذلك على خلاف ما كان سائدًا في العصر المملوكي وما نقلته مصادره من معلومات غزيرة عن المرأة العالمة والشيخة والمدرِّسة، وهذا ينطبق على دمشق والقاهرة التي شهدت وجود تصانيف علمية خاصَّة بمشيخة النساء في زمن المماليك.

أمَّا لماذا شيخ الكار؟

فلأنَّه شيخ مشايخ الحِرف في دمشق، وكان من أحد الشخصيات المركزية في المدينة، وهو المنتمي إلى الحركة الصوفية، ولا يُقطع بأمرٍ في المدينة إلَّا بمشورته أو بمباركته، ولأنَّه

كما يقول البديري الحلّاق: «نقيب النقباء على الحرف والصنايع والطرق...»[1]، هو الشاهد على كلِّ الأحداث، وشيخ السادة الصوفية الذين يملأون المساجد والدروس وحلقات الذكر بحديثهم وكلامهم، ولهم من المواقف المهمَّة في أحداث المدينة.

أخيرًا، في هذا الكتاب محاولة للاستمرار في جهد معرفي امتدَّ طويلًا، وقد أصدرنا العديد من الأبحاث والدراسات عن دمشق العثمانية، ولكنَّ دمشق تظلُّ كثيفة التاريخ، وتمدُّنا المصادر عنها بالجديد دومًا، ولا يسعنا إلَّا تقديم الشكر لكلِّ من ساهم في دفع هذا العمل إلى الظهور، وعلى رأسهم زوجتي إيمان التي منحتني الوقت دومًا لإنجاز الأبحاث والكتب وتحمَّلت الكثير من غيابي في سبيل البحث عن دمشق، وأشكر الزميل الدكتور عطا الله الحجايا على مراجعة النصِّ لغويًا، والشكر لدار جامعة حمد بن خليفة للنشر التي تبنَّت نشره.

ويبقى أن أشير إلى ملاحظة منهجية متَّصلة بالتوثيق، وهي أنَّنا اتَّبعنا في توثيق الهوامش ذكر المؤلِّف واسم الكتاب أو المخطوط مختصرًا، تجنُّبًا للإطالة، وأوردنا كافَّة المعلومات عن المراجع والمصادر في قائمتها النهائية.

مهنَّد مبيضين

2018

(1) البديري، الحلاق، حوادث دمشق، ص39.

الفصل الأوَّل

السُّلطة وصراع القوى

الشام ودولة الممالك المحروسة

خلال الحقبة الممتدَّة من (1120-1172هـ/ 1708-1758م)، كانت دمشق[1] تعيش ضمن العهد الأوَّل من الحكم العثماني للبلاد العربية الممتدِّ من (923-1247هـ/ 1516-1831م) وفي الحقبة الرابعة (1699-1839) من حقب العهد العثماني الذي تراجع في الصعود، وهي حقبة أجمع الباحثون على أنَّ الدولة العثمانية (الدولة العليَّة أو دولة الممالك المحروسة العثمانية) شهدت خلالها فقدان بريقها وبداية الانحلال والتراجع[2] عن حالة الصعود الذي بدأ مبكرًا وتوّج بحصار ڤيينا الأول عام 1529م[3] .

وقد شكَّلت هذه الفترة، مرحلة هامَّة خلال القرن الثاني عشر الهجري/ الثامن عشر الميلادي سواء كان ذلك على صعيد الدولة العثمانية أم على مستوى ولاية دمشق من حيث: تطوُّر الحكم والإدارة[4]، وتغيُّر النظرة العثمانية والتحوُّل نحو مركزية إدارية، أكثر ممَّا كانت عليه من قبل،

---

(1) يقال دَمْشَق عمله: أي أسرع فيه، والدمسق الناقة السريعة، ودمشق قصبة الشام، سمِّيت بذلك لأنَّهم دمشقوا بناءها أي أسرعوا فيه، سمَّاها الروم دمسكوس، وأطلق عليها الآراميون درمسوق، ثم عرِّبت فصارت دمشق»، انظر: ابن منظور، محمَّد، مادة «دمشق» اللسان، ج1، ص 1425. الحموي، ياقوت، معجم البلدان، ج2، ص 483. ابن عساكر، تاريخ دمشق، ج1، ص 48. زهدي، بشير، دمشق وأهمِّيتها، ص 5.

(2) كرامرز، مادة «ترك» دائرة المعارف الإسلامية، ج5، ص159-195. طربين، أحمد، تاريخ المشرق العربي، ص 3.

(3) حول الخلفيات التاريخية للصعود العثماني، انظر: William L. Langer; Robert P. Blak. The Rise of the Ottoman Turks. pp. 468-505.

(4) حول الاهتمام العثماني بولاية دمشق وطبيعة الإدارة فيها، انظر: ابن كنَّان، محمَّد، المواكب الإسلامية، ج2، ص.ص 8-48. السيوفي، حبيب، سوريا ولبنان، ج1، ص 46، عماد، عبد الغني، السلطة، ص 75-66. جب وبوون، المجتمع الإسلامي، ج1، ص 88، 214، 215. نعيسة، يوسف، مجتمع مدينة دمشق، ص.ص: 204-222؛ دوباري، دمشق ولبنان، ص 32.

Burckhard, F. L. I, Travels in Syria, p 28; Russell, A., The Natural History of Aleppo, vol. 1, p. 312, 322; Browne, W. G. Travels in Africa, Egypt, and Syria, p. 402; Bakhit, M. A., The Ottoman Province, p.p 49-90; Koury G., The Province of Damascus, p.p 7-10; Max, L. G. Ottoman Rule the Province of Damascus, p.p 1-9; Volney, J. F, Travels through Egypt and Syria, Vol, I. p. 102.

هذا بالإضافة إلى جملة تغيُّرات أصابت البُنية الاجتماعية والاقتصادية لمجتمع مدينة دمشق ابتداءً من مطلع القرن الثاني عشر الهجري/ الثامن عشر الميلادي.

تناول الباحثون أحداث هذا العصر في مناسبتين، الأولى: باعتباره خاتمة حقبةٍ تاريخيةٍ بلغت فيها الدولة العثمانية أوج ذروتها، في القرنين العاشر والحادي عشر الهجري/ السادس والسابع عشر الميلادي[1]، والتي شهدت أوَّل مظاهر الانهيار تحت أثر الاختراق الغربي وتنامي النفوذ الروسي في الشمال وتزايد الحضور الأسيوي «القاجاري» في الجنوب، والثانية: بوصفها مدخلًا إلى القرن الثالث عشر الهجري/ التاسع عشر الميلادي، حيث بدأت حقبة زمنية جديدة في تاريخ العالم الإسلامي شهدت تغلغل النفوذ الأوروبي، ودخول عناصر الحضارة الغربية، وظهور الأفكار الإسلامية المُجدِّدة[2].

على الصعيد العثماني، فإنَّ المحاولات التي بذلها العثمانيون، من أجل الإصلاح والتجديد، ابتداءً من النصف الثاني للقرن الحادي عشر الهجري/ السابع عشر الميلادي، والتي استهدفت الدولة العثمانية منها العودة إلى تطبيق القانون والشريعة، وإنقاص عدد القابي قول[3]، ومثيري الفتن، وأعمال الشغب، وتثبيت الأمن في الولايات، وإعادة الهيبة العسكرية للدولة في أوروبا، كل ذلك مثَّل إدراكًا مبكرًا لمصادر الضعف وتراجع القوَّة التي بدأت تنحسر وتفقد حركتها مع مرور الزمن وانتهت بالإمبراطورية الكبيرة إلى رجل مريض[4].

إلَّا أنَّ هذه المحاولات لم تؤدِّ إلى نتيجة إيجابية، في مجال إعادة إنتاج القوَّة والهيبة التي بدأت تتلاشى وتضعف، وكانت عوامل الضعف والتدهور، أقوى من أن تُصلح بتلك المبادرات والمحاولات السريعة. «وبدا أنَّ الدولة التي كان نفوذها يعبر القارَّات، ويوجِّه سياسة العالم وتاريخه، أصبحت في ذمَّة الماضي، فقد بليت وانقرضت فيها قوَّة الاندفاع والفاعلية والجرأة

---

(1) فينشتاين، چيل، الإمبراطورية في عظمتها، ج2، ص 237-240.

(2) إبراهيم، صلاح، الإصلاح والتجديد، الاجتهاد، ص 263.

(3) القابي قول: أو عبد السلطان أو جند القلعة. وهم أحد أهمِّ الأجزاء الأساسية في الجيش العثماني، المجنَّدة في صفوف الإنكشارية، وهم العنصر الأكثر احترافًا، والأفضل تدريبًا وتسليحًا. انظر: فينشتاين، چيل، الإمبراطورية في عظمتها، ج2، ص 87. الشناوي، عبد العزيز، الدولة العثمانية، ج1، ص 479. جب وبوون، المجتمع الإسلامي، ج1، ص 83-85. شوكت، محمود، التشكيلات والأزياء العثمانية، ص 42. السيوفي، حبيب، الإنكشارية في الدولة العثمانية، ص 25-33.

(4) Inalcik H, The Heyday and Decline of the Ottoman, vol, 1, p 350.

ودهاء التوسُّع، وفي العصر التالي ستكون غايتها الحفاظ قدر الإمكان على ما تملكه»(1) والحفاظ على وحدتها وتماسكها في مواجهة التغلغل الغربي.

بدأ العدُّ التنازلي في سلَّم الصعود العثماني منذ عام 1111هـ/ 1699م، حيث وقعت الدولة العثمانية معاهدة كارلوفجه/ كارلوفتس (Karlowitz)(2). وبدا أنَّ توقيع مثل هذه المعاهدة أمر طبيعي بسبب ما كانت الدولة العثمانية تعانيه جرَّاء هزائمها في أوروبا، وقد سمِّيت السنوات الست عشرة التي سبقت المعاهدة في التاريخ العثماني «سنوات المصيبة»(3)، فما حدث في كارلوفتس مثَّل حدثًا استثنائيًا لأنَّ الدولة تخلَّت عن جزء من أراضيها.

وسجَّلت هذه المعاهدة بداية للانكماش المستمرِّ في خارطة الممتلكات العثمانية في القارَّة الأوروبية، ذلك أنَّ الإمبراطورية العثمانية وجدت نفسها بعد هذه المعاهدة في موقف دفاعي، نادرًا ما كانت قادرة بعده على أن تكون ندًّا لأيِّ جيش أوروبي(4)، ثم بدأ بعد ذلك، التخلِّي التدريجي عن المقاطعات المفتتَحة في أوروبا الشرقية(5)، وتبع ذلك توقيع معاهدة «بساروفتس» عام 1131هـ/ 1718م، التي طلبت روسيا عقبها من الدولة العثمانية، تحوير بنود المعاهدة بكيفية تُبيح لتجارتها المرور في أراضي الإمبراطورية، وببيع سلعها فيها، والسماح للحجَّاج الروس التوجُّه لبيت المقدس، من دون دفع أيَّة رسوم(6).

وفيما كانت الدولة العثمانية تحاول المحافظة والإبقاء على ممتلكاتها في الجبهة الأوروبية، كان الخطر الإيراني في الشرق يزداد فعالية، بظهور «نادر شاه»(7) في الثلث الأوَّل من القرن الثاني

---

(1) أوزتونا، يلماز، تاريخ الدولة العثمانية، ص: 541-542.

(2) مصطفى، أحمد عبد الرحيم، في أصول التاريخ العثماني، ص 155-156 وانظر: Yücel, Y. Sevim. A., Türkiye Tarrihi, cilt III, S. 311 Tahsin, G. Yeni Belgelere Göre, Halil Pasa Yurd, Cilt. 2, S. 1017.

(3) أوزتونا، يلماز، تاريخ الدولة العثمانية، ص 543. المحامي، محمَّد فريد، تاريخ الدولة العلية، ص 311. حول الأحداث التاريخية والتراجع العثماني والهزائم في أوروبا. انظر: سلحدار، محمَّد آغا، سلحدار تاريخي، جلد 2، ص: 260-293، 40-480، 482-534، 534-560، 602-670، 681-716، 717-746.

(4) كولز، پول، العثمانيون في أوروبا، ص 207؛ بروكلمان، كارل، تاريخ الشعوب الإسلامية، ص 155.

(5) رافق، عبد الكريم، بلاد الشام ومصر، ص 183.

(6) المحامي، محمَّد فريد، تاريخ الدولة العلية، ص 317.

(7) نادر شاه: هو شاه إيران (1149-1158هـ/ 1736-1747م) ومؤسِّس أسرة أفغار، عُرف بالشجاعة والقوَّة، ترقَّى في رتب الجيش وزاده قوَّة مع انتصاراته على الترك، ثم نصب نفسه شاه فارس، وفتح بلاداً واسعة، حاصر الموصل عدة مرات واحتل البحرين، انظر: المحامي، محمَّد فريد، تاريخ الدولة العلية، ص 32. رافق، عبد الكريم، بلاد الشام ومصر، ص 301. مانتران، روبير، الدولة العثمانية، ج2، ص 407. الجميل، سيَّار، حصار الموصل، ص. ص 135-177.

عشر الهجري/ الثامن عشر الميلادي 1142-1160هـ/ 1729-1747م، وتهديده بانتزاع العراق، ومحاصرته للموصل أكثر من مرَّة، ومحاولة تأكيد نفوذه الديني بإرسال قافلة حجٍّ فارسي مع تبنِّيه للمذهب الشيعي الجعفري، وأدَّى انتصاره على العثمانيين عام 1143هـ/ 1730م[1]، إلى اضطراب شعبي في العاصمة اسطنبول تزعَّمته قوى الإنكشارية ضدَّ السلطان أحمد الثالث 1115-1143هـ/ 1703-1730م[2]، وانتهت حدَّة الصراع القويِّ العثماني بتوقيع صلح عام 1149/ 1736م الذي تنازل فيه الباب العالي عن جميع مكاسبه السابقة وفتوحاته حتَّى بغداد[3].

كانت الدولة العثمانية مضطرَّة إلى توقيع الصلح مع نادر شاه، على الرغم من شروطه القاسية، وذلك بسبب الخطر الروسي الذي ازداد مع زحف الروس على شبه جزيرة «القرم»، وخاض العثمانيون حربًا انتهت بتوقيع صلح بوساطة فرنسية في مدينة بلجراد سنة 1152هـ/ 1739م. وأوقفت الحرب مع الروس حتَّى عام 1182هـ/ 1767م ومع النمسا حتَّى عام 1293هـ/ 1788م[4].

لقد عاشت الإمبراطورية العثمانية خلال النصف الثاني من القرن الحادي عشر الهجري/ السابع عشر الميلادي تدهورًا ملحوظًا امتدَّ إلى الجزء الأعظم من القرن الثاني عشر الهجري/ الثامن عشر الميلادي، وعبَّر هذا التدهور عن نفسه من خلال التطوُّرات التي ستطرأ على الأوضاع العامَّة في الدولة العثمانية، والتي كانت تتَّجه نحو الإصلاح ومحاولة إدراك الواقع المنهار، والسماح بانطلاق إصلاحات عميقة موجَّهة إلى إكساب الدولة مظهرًا حداثيًا قادرًا على التعامل مع التغيُّرات المُقبلة[5].

آنذاك وجد العثمانيون دولتهم تعيش في نظام ضعيف، عاجز عن ملاحقة التطوُّرات التي شهدها الغرب خلال القرن 12هـ/ 18م، وهو ما أدَّى إلى نتائج عدَّة منها: تراجع هيبة الدولة أمام

---

(1) Yücel. Y. Sevim, Turkiye Tarihi, Cilt. III, S. 290.

(2) هو السلطان أحمد بن محمَّد الرابع وشقيق السلطان مصطفى الثاني، تولَّى بعد أخيه، حاول إرضاء الإنكشارية حتَّى تمكَّن منهم فبطش بهم، ثم ما لبثوا أن ثاروا عليه بعد الهزيمة أمام نادر شاه سنة (1143هـ/ 1730م)، انظر: المحامي، محمَّد فريد، تاريخ الدولة، ص 312. برجاوي، سعيد، الإمبراطورية العثمانية، ص 175-176. آصاف، عزتلو يوسف، تاريخ سلاطين بن عثمان، ص 117. وحول التمرُّد الذي حصل في إسطنبول، انظر: رافق، عبد الكريم، بلاد الشام ومصر. المحامي، محمَّد فريد، تاريخ الدولة العلية، ص 322. السيوفي، حبيب، الإنكشارية في الدولة العثمانية، ص 34. Rafiq. A., The Province of Damascus, p.p: 105-106.

(3) مانتران، روبير، الدولة العثمانية، ص 407. برجاوي، سعيد، الإمبراطورية العثمانية، ص 180.

(4) مانتران، روبير، الدولة العثمانية، ج1، ص 408. Hakki, I, «Osmanli Tarihi, «IV. Cilt, I., S. 283.

(5) زيادة، خالد، اكتشاف التقدم الأوروبي، ص 114.

الدول الأوروبية، وتنامي الصراع السياسي على النفوذ في العاصمة اسطنبول وصراع النخب، وتناقص أهمِّية الدولة والسلطة المركزية في الولايات البعيدة، والعجز عن تحقيق الأمن[1] المتمثِّل بعدم القدرة على حماية قافلة الحجِّ الشامي، الأمر الذي سمح بتفاقم النفوذ المحلِّي وتنامي الهويَّات المحلِّية في ظلِّ الحكم العثماني.

وكتعبير عن فوضى القرن 12هـ/ 18م وواقع الدولة العثمانية، يُعَنوِن عبد الكريم رافق في دراسته لتاريخ العرب في العهد العثماني فصلًا بـ «الانحطاط العثماني وتعاظم النفوذ المحلِّي في بلاد الشام في القرن الثامن عشر الميلادي»[2]، وفي السياق نفسه الذي يعلِّل تعدُّد أنواع التبعية للدولة العثمانية يخلص أندريه ريمون إلى القول: «مهما تنوَّعت الظروف المحلِّية فقد كان الباب العالي سلَّم في الأغلب للسلطة المحلِّية في الأقاليم العربية، التي تكوَّنت في مجموعات أو أفراد، شكَّلت في مجملها أنواعًا متعدِّدة من التبعية الإدارية بدءًا من الإدارة المباشرة في حلب وانتهاء بشبه الاستقلال في تونس»[3].

ويرى روبير مانتران أنَّ لكلِّ نوع من أنواع الإدارة في الأقاليم العربية إبَّان العصر العثماني خصوصية ارتبطت إمَّا بمفاهيم إثنية عشائرية، أو اجتماعية لها طابعها المميَّز، وعبَّرت عن نفسها كشكل من أشكال ردِّ الفعل على تجاوزات أو إساءات استخدام الولاة العثمانيين للسلطة، أو أنَّها بنت مشروعيتها على أساس تمثُّلها للحكم العثماني، ورغبتها في تكوين سلطة محلِّية مستندة إلى أصالة الإقليم المعنيِّ[4].

وتتَّضح هذه الصورة من خلال استعراض الواقع الإداري وتبعيَّته في الولايات العربية، ففي الموصل حكم الحلبيون (1135هـ/ 1726م)[5]، وفي بغداد والبصرة كان المماليك من الثلث الثاني للقرن الثامن عشر الميلادي وحتَّى 1247هـ/ 1831م[6]. وتمركز آل العظم في

---

(1) الجميل، سيار، العثمانيون وتكوين العرب الحديث، ص 157.

(2) رافق، عبد الكريم، بحوث في التاريخ الاقتصادي، ص ع – ر.

(3) ريمون أندريه، المدن العربية، ص 33. مانتران رويتر، الدولة العثمانية، ج1 ص 421. رافق، عبد الكريم، العرب والعثمانيون، ص 191. Mantran. R. North African in the Sixteenth and Seventeenth Centuries, Vol. 11, pp: 262-265.

(4) مانتران، روبير، الدولة العثمانية، ص 421.

(5) رؤوف، عماد، الموصل في العهد العثماني: فترة الحكم المحلي، ص 40-55، وانظر: Kemp., p. Mousl and Mosuli Hostoriansof the Jalili, p. 83.

(6) نورس، علاء، حكم المماليك في العراق، ص 82-112. الجميل، سيار، بقايا وجذور، ص 190.

الشام (1138-1198هـ/ 1725-1783)[1]، وفي طرابلس الغرب توطّدت الأسرة القرمانلية (1123هـ/ 1251م)[2]، وتعاظم نفوذ ظاهر العمر في فلسطين حتّى أنّه أقام اتفاقيّات وعلاقات مع الروس [3].

أمّا عن نظام الإدارة في كلٍّ من هذه الأقاليم، فالأغلب أنّه استند إلى ثلاثة مرتكزات أساسية هي: الولاة (الباشوات)، القضاة والجيش، أو قوى الإنكشارية، وهي تحتاج من أجل سير عملها، إلى ضرورة وجود إدارة مالية، يتوجَّب عليها توفير المستلزمات الضرورية لسير عمل الولاية، ويحصل فائض مالي من الضرائب يُوجَّه إلى الحكومة المركزية في اسطنبول[4]، ومع ذلك فإنَّ مجموعة من البنيّات المحلِّية كانت في طريقها للتطوُّر التدريجي بحسب الإقليم أو المنطقة، لتشكِّل واقعًا إداريًا مختلفًا عن الفترات السابقة أو تظهر بصورة أكثر استقلالية مثل الأمير فخر الدين المعني الثاني وعلي جانبولاط[5].

في ولاية دمشق وخلال النصف الأوَّل من القرن الثاني عشر الهجري/ الثامن عشر الميلادي، شهدت الولاية نوعين من إعادة الحيوية بالنسبة للنظام المركزي العثماني، بحيث يمكن العودة إلى ما كان عليه من القوَّة إبَّان القرن (11هـ/ 16م)، إذ إنَّ تنامي القوى المحلِّية في الولاية، وازدياد الفوضى والاضطرابات، أدَّتا إلى انزعاج الباب العالي، الذي أخذ يتأرجح ما بين الإبقاء على السياسة التقليدية وإحداث نوع من التغييرات، أو أن يترك في مركز الولاية باشا قادرًا على قمع التمرُّد وروح العصيان[6] مع الالتزام بإرسال الفائض المالي من الرسوم والضرائب إلى دار السلطنة، وهذا الواقع سيعبَّر عنه قبيل وصول آل العظم إلى السلطة السياسية في دمشق، وإبَّان حكمهم وخلال الفترة اللاحقة لوجودهم في السلطة.

---

(1) رافق، بلاد الشام ومصر، ص 363، 279، 398؛ العظم، عبد القادر، الأسرة العظمية، ص 27-38. Shamir, S., As'ad Pasha, pp. 1-12; Barbir. K. Ottoman rule in Damascus, p. 4-25.

(2) حميدة، علي، المجتمع والدولة في ليبيا، ص 470-51. ابن إسماعيل، عمر، انهيار حكم الأسرة القرمانلية، ص 205.

(3) المحامي، توفيق معمر، ظاهر العمر، ص 22-34. ريمون، أندريه، الولايات العربية، ج2، ص 429. رافق، عبد الكريم، بحوث في التاريخ الاقتصادي، ص 304-309.

(4) جب، وبوون، المجتمع الإسلامي، ج1، ص 29. عماد، عبد الغني، السلطة في بلاد الشام. النجار، جميل، الإدارة العثمانية في ولاية بغداد، 19-59. عوض، عبد العزيز، الإدارة العثمانية في ولاية سوريا، ص15-62. ريمون، اندريه، القاهرة حضارة تاريخ، ص 175-176.

(5) Jane Hathaway. The Arab Lands Under Ottoman Rule, p 70-72.

(6) جب وبوون، المجتمع الإسلامي، ج1، ص 29؛ Schilcher. L. Familes in Politics, p. 29.

دمشق قبل آل العظم (1120-1138هـ/ 1708-1725م)

يرى كارل باربير Karl Barbir بأنَّ الدولة العثمانية بعد أن اتَّضح تهاويها في أعقاب صلح كارلوفتس اتَّجهت، نحو إصلاح سياستها، وإحياء أنظمتها الإدارية، وهذا ما جعلها تستعيد بعض قوَّتها، لذا حقَّقت انتصارات عسكرية في الميدان الأوروبي، ودخل ضمن إحيائها لنظمها الإدارية، سعيها بين عام (1119-1172هـ/ 1708-1758م) إلى تجديد إدارتها في ولاية دمشق في ثلاث نواح متميِّزة، ومرتبطة مع بعضها، وهي سلطة الولاة فيها، واستيعاب القوى المحلِّية وإعادة تنظيم قافلة الحجِّ[1].

وقد مهَّدت الدولة العثمانية إلى ذلك مسبقًا، فقامت بتعزيز قوَّاتها العسكرية المرابطة في دمشق بإرسال قوَّة من جند القابي قول تقدَّر بألفي جندي[2]، لمساعدة الوالي العثماني بدمشق وتقوية مركزه والحدِّ من نفوذ الإنكشارية المحلِّية على القلعة وأبواب المدينة والحلول محلَّها[3]، وفي عام 1118هـ/ 1706-1707م عاودت الدولة العثمانية جهودها في دعم والي دمشق، بإرسالها ثماني فرق عسكرية إلى قلعة دمشق «وفي السابع عشر من شهر ذي الحجَّة دخل من الروم ثمان أوض وسكنوا القلعة»[4].

وهذه الإجراءات التي بدأت الدولة العثمانية بتنفيذها، تجاه دمشق كانت علامة دالَّة على أهمِّية وضرورة إعادة تنظيم الولاية، وتمركز السلطة فيها، وهي تؤكِّد الأهمِّية السياسية والاقتصادية التي تحتلُّها دمشق[5]، والتي تأكَّدت مع تعيين نصُّوح باشا[6] واليًا على دمشق وأميرًا

---

(1) Barbir. K. Ottoman rule in Damascus, pp. 3-8.

(2) رافق، عبد الكريم، بلاد الشام ومصر، ص 193؛ ريمون، أندريه، المدن العربية، ص 59.

(3) المحبي، خلاصة الأثر، ج4، ص 311، ويعرض نوفان الحمود بشكل دقيق لحركات العسكر وتمرُّداتهم وإسهاماتهم في الفتن والاضطرابات في بلاد الشام خلال القرن السابع عشر. الحمود، نوفان، العسكر في بلاد الشام، ص.ص 116-123.

(4) ابن كنَّان، محمَّد، الحوادث اليومية، ص 123. Max. L. G. Ottoman Rule in the Province

(5) Rafeq. The Province of Damascus, 1966, p.p 9-10.

(6) نصُّوح باشا: والي عثماني، تقلَّد مهام الصدارة العظمى من ٥ أغسطس 1611 وحتَّى 17 أكتوبر 1614. تعود أصوله الألبانية إلى مدينة كوموتيني شمالي اليونان اليوم، ولذلك يلقب بالكوموتيني (بالتركية: Gümülcineli). يعتقد أن جهوده الإصلاحية كانت أحد الأسباب وراء أمر السلطان أحمد بإعدامه خنقًا، بروكلمان، كارل: تاريخ الشعوب الإسلامية ، ص٤٦٢.

للحجِّ عام 1120هـ/ 1708م[1]، إذ اعتبر هذا التاريخ لحظة حاسمة في تاريخ سوريا العثمانية حيث أنَّه سيرمز إلى بداية عهد سيحتفظ الولاة فيه بمنصبهم لمدَّة أطول بهدف الوصول إلى تعزيز سلطة الولاة وتوطيد الأمن[2]، والحفاظ على ماء وجه السلاطين العثمانيين الذين كان ينظر إليهم بوصفهم يمثِّلون دار الخلافة الإسلامية.

أرباب العقول

كان دخول نصُوح باشا، الموصوف بأنَّه « كان من عجائب الدنيا وكانت له مساوئ ومحاسن»، في أوَّل رمضان 1120هـ/ 1708م[3] و«بالدرع والبيضة»[4] «يومًا مشهودًا»[5] وبما عكس السياسة التي اتَّبعها في إدارة الولاية، وبعد هذا التعيين ستكون المدينة على موعد مع فصل جديد في ممارسة السلطة السياسية للولاة، وسيمتدُّ هذا التحوُّل طوال القرن الثامن عشر، حيث ستبرز السلطة المحلِّية وستظهر أدوار ومواقف حاسمة يتدخَّل فيها الأعيان والعلماء ورجال الجيش. ولم تكن مسألة التحوُّل السلطوي مرتبطة بظهور أسرة آل العظم في دمشق فقط[6]، بل إنَّ تطوُّر المجتمع والقوى السياسية والتحوُّلات المجتمعية والتأثير الغربي أثَّرت مجتمعة في رسم أدوار جديدة لأقطاب السلطة المحلِّية في الحقبة التي أعقبت تعيين نصُوح باشا.

فقد عُرف عنه الشجاعة وشدَّة البأس والقوَّة[7]، ووصف بأنَّه «من عجائب الدنيا ومن أرباب العقول»[8]، وعندما دخل دمشق كان بلباسه العسكري على خلافه عادة الولاة «ويوم دخوله كان

(1) يروي القاري أنه دخل في ختام شعبان. القاري، رسلان، الوزراء، ص 76. ابن جمعة، محمَّد، الباشات والقضاة، ص 52، أبو المكارم، محمَّد، تاريخ راشد، ج3، ص 248.

(2) ريمون، أندريه، الولايات العربية، ص 583.

(3) أبو المكارم، محمَّد، تاريخ راشد، ج 3، ص 249. ابن جمعة، محمَّد، الباشات والقضاة، ص 52. ابن كنَّان، محمَّد، الحوادث اليومية، ص 144. مجهول، ذكر دمشق الشام، ق 3.ب.

(4) ابن جمعة، الباشات والقضاة، ص52.

(5) القاري، الوزراء، ص76.

(6) هذا ما ذهب إليه دونالد كواترت، والذي يعتمد على طروحات كارل باربير في هذا الصدد، حيث يتمُّ التركيز كثيرًا على دور آل العظم، انظر: كواترت، دونالد، الدولة العثمانية 1700-1922، ص 197.

(7) راشد، تاريخ راشد، جلد 1، ص 249.

(8) القاري، رسلان، الوزراء، ص 76.

مشهودًا»[1]. وصفه ابن كنَّان بقوله «... ودخل نصُّوح باشا بالدرع من على برج وعليه السلاح مغرق بآلة الحرب ولقيه الأعيان ومشى قاضي الشام[2]، قدَّامه رمية حجر[3]، وكانت الشام تشكو قبله الوباء والشحَّة والجراد»[4]. «وكانت شوكة دولة الشام قويَّة»[5]، ويقصد بذلك القوَّات المحلِّية من جند اليرلية[6]، وأوفد التركمان[7] منهم جيشًا عظيمًا لملاقاة الوالي خوفًا من الغدر بهم[8].

كان أمام نصُّوح باشا الاهتمام بأمرين وتركيز سياسته تجاههما، وقد جعلتهما السلطة العثمانية، هدفًا أساسيًا لقياس مدى نجاح الوالي في إدارة الولاية، الأوَّل: الحدُّ من الفوضى والاضطراب، وتمكين السلطة ومركزتها في ولاية دمشق، والثاني: العمل على تأمين سلامة قافلة الحجِّ الشامي، وحمايتها من اعتداءات البدو المتكرِّرة، التي أزعجت السلاطين في اسطنبول.

وفي دمشق كان العسكر مصدر التوتُّر وفوضى المدينة منذ بداية الحكم العثماني، وقد ارتاب الناس منهم ومن أعمالهم، ويفصل ابن طولون الصالحي في أحداث شهر رمضان سنة (922 هـ/ 1516م) ما يؤكِّد تمركز العساكر العثمانية في أحياء دمشق وازعاجهم أهل المدينة قائلًا: «ونزل من بقي من العسكر في الخميسيات وعين الكرشي والمرجة وغيرها من الأماكن، وهم مع ذلك يفتِّشون البيوت للنزول فيها»[9].

---

(1) ابن جمعة، محمَّد، الباشات والقضاة، ص 52. القاري، رسلان، الوزراء، ص 76.

(2) هو مراد بن علي بن داود المرادي النقشيدي (ت 1132هـ/ 1719م)، س، ش 24، ص 214، حجة 452، 22 جمادى الأولى، 1121هـ/ 1718. المرادي، محمَّد خليل، سلك الدرر، ج4، ص 130-132. مجهول، ذكر دمشق الشام، ق 28. ب.

(3) يظهر إعجاب المؤرِّخين بنصُّوح باشا من خلال الوصف الذي قدمه، ابن كنَّان، محمَّد، الحوادث اليومية، ص 144.

(4) ابن جمعة؛ محمَّد، الباشات والقضاة، ص 52.

(5) ابن كنَّان، محمَّد، الحوادث اليومية، ص 142. رافق، عبد الكريم، العرب والعثمانيون، ص 246.

(6) شكَّلت اليرلية في دمشق من قوَّات القابي قول التي تركت القلعة، بالإضافة إلى العناصر المحلِّية التي انخرطت في صفوفها. انظر: نعيسة، يوسف، مجتمع مدينة دمشق، ج1، ص 238. رافق، عبد الكريم، بلاد الشام ومصر، ص 222. ريمون، أندريه، الولايات العربية، ج2، ص 820.
Barbir, K. Ottoman Rule in Damascus, p. 82-92; Koury. G. The Province of Damascus, pp. 30-31.

(7) قدَّر ڤولنى أعداد التركمان المتواجدين في ولايتي حلب ودمشق خلال القرن 12هـ/ 18م، بما يقارب الثلاثين ألفًا، يرحل أكثرهم في الصيف إلى أرمينة ومن ثم يعودون. انظر: Volney. J. F. Travels through Egypt. Vol., 32; Bakhit. M. A., Aelppo and Ottoman, p. 30.

(8) ابن كنَّان، محمَّد، الحوادث اليومية، ص 143.

(9) ابن طولون، محمَّد، مفاكهة الخلان، ج2 ص 35.

ومع مرور الوقت أخذ العسكر يتشكَّلون وفق عصبيَّاتهم وفرقهم، فانقسموا إلى أربعة أقسام، الإنكشارية بقسميها القابي قول واليرلية، والقوَّات السباهية[1]، والقوَّات الخاصَّة المرتزقة، وحرس الولاة، كالسكبان، واللاوند، والمغاربة، والدلاتية، وأخيرًا العناصر المحلِّية المرتبطة بزعماء وشيوخ العشائر[2].

ويرى عبد الكريم رافق، من خلال رصده لصراع الإنكشارية وتمرُّدهم «أنَّ تاريخ دمشق بين عامي (1660-1826م) كان حافلًا بالصراع بين الطائفتين المتنازعتين، وخلال القرن الثامن عشر تعمَّق الصراع ما أدَّى إلى انزعاج الباب العالي بازدياد العنف والفوضى[3]، وكان ذلك نتيجة مباشرة للانحدار الذي شهدته الدولة العثمانية خلال القرن (11هـ/ 17م)، وما أنتجه من تشكيلات سلطوية محلِّية نتجت عن انخراط أعداد كبيرة من السكَّان في المجموعات العسكرية المحلِّية التي أفرزت قوَّة منافسة للقابي قول، هي فرقة اليرلية[4].

وفي النهاية وجدت قوَّتان في دمشق لكلٍّ منهما مبدأ مختلف، ففي حين اعتبر اليرلية مدافعين عن مصالح السكَّان وامتيازاتهم في مواجهة الجماعات الأجنبية[5] التي أخذت تمدُّ نفوذها المحلي، وبالتالي اعتبروا من جانب الحكومة ثوَّارًا وعليهم مسؤولية الاضطرابات المتكرِّرة، فقد كان القابي قول (أي عبد السلطان) أو جند القلعة مسيطرين على الأحياء القريبة من القلعة وأبواب المدينة المتعدِّدة واستخدامهم الباشوات للبطش بزعماء قوى اليرلية المحلِّية[6]، ولتأمين هيبة السلطة والحكم.

---

(1) كان لكلٍّ مجموعة محلِّية من السباهية تنظيمها الإداري الخاصُّ الذي يشمل دفتردارًا خاصًّا، وبيكًا أو أميرًا معترفًا به، وقد شاكل السباهية هيئة تقوم ببعض المهام بدمشق. جب وبوون، المجتمع الإسلامي، ج1، ص9؛ عماد، عبد الغني، السلطة في بلاد الشام، ص 63.

(2) الزواهرة، تيسير، تاريخ الحياة الاجتماعية، ص 42؛ رافق، عبد الكريم، مظاهر في الحياة العسكرية، ص.ص 73-79؛ الحمود، نوفان، العسكر في بلاد الشام، ص 61-65؛

Rafiq. A., The Local Forces, pp: 277-290.

(3) جب وبوون، المجتمع الإسلامي، ج1، ص 91؛ رافق، عبد الكريم، بلاد الشام ومصر، ص 218.

(4) ريمون، أندريه، الولايات العربية، ص 582.

(5) Rafeq, A. The Province of Damascus, p. 31, 166-167, 211p Barbir, K., Ottoman Rule in Damascus, pp. 89-92.

(6) Koury. G. The Province of Damascus, p. 14.

دولة دمشق ودولة القلعة

عشيَّة القرن الثاني عشر الهجري/ الثامن عشر الميلادي، كانت بنية المؤسَّسات العسكرية في ولاية دمشق في طريقها للتغيير والتشكُّل بصورة مختلفة، فقد زادت أهمِّية اليرلية بشكل كبير، مع التوسُّع في التجنيد المحلِّي، وتراجعت أهمِّية ونفوذ السباهية[1]، ما أسهم في اختزال الدور والنفوذ والموقع الذي احتلَّته قوى القابي قول سابقًا، وهذا أدَّى إلى اعتماد الباشوات الذين حكموا دمشق إبَّان القرن (12هـ/ 18م) على العسكر الذين تكوَّنوا من جنسيات متعدِّدة[2].

جاء تنامي قوى اليرلية، نتيجة مباشرة لسيطرتهم على ميدان التجارة[3]، الذي نافسوا فيه قوى القابي قول، حتَّى أصبحوا يُعرفون نتيجة لازدياد نفوذهم «بدولة دمشق»[4]، فيما عُرف القابي قول «بدولة القلعة»[5].

اهتمَّ نصُّوح باشا بتأمين أكبر قدر من الأمن وتحقيق المزيد من الاستقرار في علاقة دمشق مع الأقاليم المجاورة، ومن ذلك «ما حدث سنة 1123هـ/ 1711م حين اختلف الأمير حيدر الشهابي ومحمود باشا، فاستنجد محمود باشا بنصُّوح باشا، والي دمشق «فوجَّه له العسكر[6]، وخرج إلى الكرك سنة 1122هـ/ 1710م فحاصر قلعتها ذات الحصن المنيع حتَّى خرجوا فقاتلهم وأسر عددًا منهم[7]، وقد ساعد نصُّوح باشا على مثل هذه التحرُّكات السياسية التي اتبعتها الدولة العثمانية تجاه والي دمشق منذ عام 1120هـ/ 1708م، والتي استهدفت تقوية مركَّزة ليس فقط بالدعم العسكري، وإنما بالاستغناء التدريجي عن خدماته العسكرية في حروب الإمبراطورية البعيدة[8] للتفرُّغ لشؤون ولايته المحلِّية.

---

(1) عماد، عبد الغني، السلطة في بلاد الشام، ص 115؛ السيوفي، حبيب، سوريا ولبنان وفلسطين، ص 7-8.

(2) حول أصول العسكر انظر: رافق، عبد الكريم، مظاهر من الحياة العسكرية، ص. ص 73-79، الزواهرة، تيسير، تاريخ الحياة الاجتماعية، ص 43؛ الحمود، نوفان، العسكر في بلاد الشام، ص. ص 29-80.

(3) ريمون، أندريه، الولايات العربية، ج2، ص 37. Koury. G., The Province of Damascus, p. 14, 30-31

(4) كوثراني، وجيه، السلطان والمجتمع، ص 32. نعيسة، يوسف، مجتمع مدينة دمشق، ج1، ص 208.

(5) ابن كنَّان، محمَّد، الحوادث اليومية، ص 314.

(6) نوفل، نعمة الله، كشف اللثام، ص 151. قساطلي، نعمان، الروضة الغنَّاء، ص 82.

(7) البكري، مصطفى، الخمرة الحسية، ق 32ب. ابن جمعة، محمَّد، الباشات والقضاة، ص 53. ابن كنَّان، محمَّد، الحوادث اليومية، ص 163، ويفصل ابن كنَّان الأعمال التي قام بها نصُّوح وإيقاعه بالدروز والنصارى وأهل البلقاء، انظر: ابن كنَّان، الحوادث اليومية، ص 21، 194، 181.

(8) رافق، عبد الكريم، قافلة الحجِّ الشامي، ص 9. Barbir, K., Ottoman Rule in Damascus, p. 35.

في دمشق، وجَّه نصُّوح باشا سلطته نحو مجتمع المدينة بالعمل على تخفيف الضرائب عن الآهلين ومنع بعضها[1]، وألغى حجج الديون عن الفلاحين[2]، وضبط قمح البلاد ليتأكَّد من وجوده ووفرته، حتَّى في «أيَّام الحصاد فتمنع المجاعة»[3]، ويلخِّص ابن كنَّان الصالحي أحوال دمشق وسياستها أيَّام نصُّوح باشا بقوله: «ما غلبه أحد في أمر من الأمور ولا أعجزه شيء منها في هذه البلاد الشامية، لا يسعى في أمر إلَّا وتمَّ...»[4]، وكان له فضيلة ومطالعة ومذاكرة للعلماء في فنون العلم[5].

رأس كليب: الشيخ الأمير

لم يكن هناك في برِّ الشام زعيمٌ مطلوبٌ للسلطة العثمانية مثل الشيخ كليب الفوَّاز السردية[6]، الذي قوَّض الأمن وقاد تحالفًا قبليًا أزعج ولاة دمشق، وجعل بقاء الوالي مرتبطًا بقدرته على حفظ أمن الحجِّ، وهي الفرصة التي فوَّتتها قبائل البدو المتحالفة معه على الولاة أكثر من مرَّة، فكيف حدث ذلك؟

كانت معضلة السلطة العثمانية على الدوام تأمين سلامة قافلة الحجِّ الشامي[7]، ومنع الاعتداءات المتكرِّرة عليها من قبل البدو، وهي اعتداءات كانت تجري منذ زمن المماليك، وورثها العثمانيون، إذ تبدأ أخبار قافلة الحجِّ الشامي والمصري لدى مؤرِّخي القرن 16 م، وقبل

(1) ابن كنَّان، محمَّد، الحوادث اليومية، ص 211.

(2) ابن كنَّان، محمَّد، الحوادث اليومية، ص 217.

(3) ابن كنَّان، محمَّد، الحوادث اليومية. القاري، رسلان، الوزراء، ص 77.

(4) ابن كنَّان، محمَّد، الحوادث اليومية، ص 218.

(5) ابن كنَّان، محمَّد، الحوادث اليومية، ص 219.

(6) الشيخ كليب بن حمد شيخ عرب بلاد الشام والبلاد الحورانية كما يصفه عبد الكريم رافق، وهو حفيد الشيخ رشيد بن سلامة بن نعيم السردية، وكان السردية يزوِّدون ركب الحجاج ويحمونه من التعدِّيات، ثم نافسهم في ذلك بنو صخر وتحاربوا مع السردية ثم جاءت عشائر عنزة من نجد، فتكوَّن حلف الشمال بقيادة السردية وهو مكوَّن من السردية والسرحان والفحيلية والعيسى. انظر حول كليب باشا والسردية: ابن الصديق، حسن، غرائب البدائع، ص 82. ابن كنَّان: محمَّد، الحوادث اليومية، ص 28، 40. ابن جمعة، محمَّد، الباشات والقضاة، ص 1. الغزي، نجم الدين، لطف السمر، ج1، ص 686. Rafiq, A. The Province of Damascus, p 214, 130; Bakhit. M. A., The Ottoman Province of Damascus, p. 194.

(7) انظر ملحق (2): أحوال الحجِّ من مصادر محلِّية وعثمانية لمدينة دمشق.

بدء الحكم العثماني بعام، باعتداء كبير على قافلة الحجِّ في منطقة الينبوع/ينبع، وهي إحدى محطَّات القوافل، ويصف مؤرِّخ تلك الحقبة الحادثة بقوله: «وفي يوم السبت وصل الحاجُّ المصري إلى القاهرة، وأخبر بما وقع من هذه الطامة العظمى، والبليَّة التي لم يقع نظيرها في عصر من الأعصار»[1] وفي تلك الحادثة تحارب الحاجُّ المصري مع الحاجِّ الشامي بفعل الصراع بين الأشراف في مكَّة ودخول الحجَّاج وأمرائهم في معادلة الصراعات المحلِّية في الحجاز.

في القرن 17 م، لم تقف الاعتداءات على قافلة الحجِّ الشامي، التي اعتُبرت أحد أبرز قوافل الحجِّ، ولكنَّها ازدادت مع النصف الثاني للقرن 11 هـ (17 م)، فحسب تقديرات عبد الكريم رافق هاجمت قوى البدو القافلة سبع مرَّات خلال الثلاثين سنة الأخيرة من القرن 11 هـ (17 م)[2]، في حين أنَّ كارل باربير يقدِّرها بتسعة عشر هجومًا خلال النصف الأوَّل من القرن 12 هـ (18 م)[3]، وهذا يعني ازدياد خطر البدو وتعدِّياتهم وعدم مقدرة ولاة الحجِّ على الدفاع عن الحجَّاج، مقابل ثلاثة اعتداءات للفترة نفسها من القرن 11 هـ (17 م)[4]، ولقد جاءت أخبار هذه الاعتداءات عند مؤرِّخي اليوميَّات والحوادث أمثال ابن جمعه المقار، وابن كنَّان في يوميَّاته والبديري الحلَّاق في حوادثه[5].

بدأ القرن الثامن عشر الميلادي بظهور زعامة بدوية قوية في حوران أكَّدت حضورها على أكثر من مستوى، إذ اشتهر من عشائر السردية الزعيم البدوي كليب شيخ عشائر السردية[6] وشيخ البلاد الحورانية وشيخ عرب بلاد الشام، الذي قاد تحالفًا بدويًا عدنانيًا قحطانيًا ضدَّ

---

(1) ابن الحمصي، أحمد، حوادث الزمان، ص 423.

(2) رافق، عبد الكريم، قافلة الحجِّ الشامي، ص 9.

(3) Barbir, K. Ottoman Rule in Damascus, p. 175.

(4) يلاحظ عدم التجانس في الأرقام التي يذكرها عبد الكريم رافق لآخر ثلاثين سنة من القرن 11هـ/ 17م وما يورده كارل باربير عن النصف الثاني للقرن 11هـ/ 17م. انظر: Barbir, K. Ottoman Rule in Damascus, pp: 104-105.

(5) انظر التواريخ المحلِّية لمدينة دمشق في: ابن جمعه، محمَّد، الباشات والقضاة، ص.ص: 14، 41، 47، 42، 59؛ ابن كنَّان؛ محمَّد، الحوادث اليومية، ص 35، 36، 34، 46، 61؛ البديري؛ أحمد، حوادث دمشق، ص 158، 161، 191، 194، 176، 186، 204، 206.

(6) تنسب السردية إلى بني مخزوم، الذين جاءوا إلى حوران في عهد الفتوح، وتربطهم صلات مع الشهابيين في لبنان وآل مهيار في نابلس، وكانت لهم علاقات ومراسلات مع الأمير بشر الشهابـي، الكبير 1226هـ/ 1811م. انظر: زكريا، أحمد، عشائر الشام، ص 415-418. الشهابي، حيدر، الغرر الحسان، ج4، ص 1208. الملحم، اسماعيل، سويداء سوريا، ص 130-135. ابن كنَّان؛ محمَّد، الحوادث اليومية، ص 139.

السلطة العثمانية، ونجح في تقويض الأمن في المنطقة وأربك الولاة والقادة المكلَّفين بحماية قافلة الحجِّ الشامي.

وبقافلة الحجِّ واعتداءات البدو من خصومه ومن قبله، ارتبط حضور هذا الزعيم الكبير منذ مطلع القرن الثامن عشر، ففي صفر من سنة (1113هـ/ 1701م) سقطت قافلة الحجِّ بيد الشيخ دبيس بن فايز[1] – شيخ بلاد العلا – بعدما فقد الأمل من أخذ الصُرِّ من أمير الحجِّ، فهجم العرب على عسكر الباشا فحاصروا الحجَّاج في غرب العلا وأخذوا الحريم ومن شذَّ من الحجَّاج شلحوه أو قتلوه، يقول ابن كنَّان في وصف ذلك: «وجمع الدبيس أموال الحجِّ حتَّى بقيت الأموال كالبيادر... وكان للباشا في العلا ذخاير»[2].

ونتيجة لهذا النهب تحرَّك باشا القدس لنجدة القافلة، ويرى ابن كنَّان أنَّ منع الصرَّة عن البدو وزعماء القبائل هو السبب في الاعتداءات: وهذا الصُرُّ من جملة أوقاف البرِّ معدود من الصدقة، فلمَّا منعوه انظر كيف صار، ولو دفعوه لدفع الله عن الحجِّ هذا السوء الذي صار...»[3].

ويبدو أنَّ والي دمشق محمَّد بيرم لم يقوَ على معاندة الشيخ كليب السردية وحجب مال الصرَّة عنه، ففي جمادى الأولى من سنة (1113هـ/ 1701م) أرسل وطيَّب خاطره وأعطاه صرَّته عن السنة الماضية على أن يتضمَّن أمر المحافظة على قافلة الحجِّ، مع امكانية الحديث مع شيوخ القبائل الأخرى التي تمرُّ بها القافلة للحفاظ عليها، ومن جملة الصلح الذي حدث: «فرَّق قماشًا وجوخًا وأكرمهم...»[4].

ويؤكِّد كليب السردية موقعه كزعيم قبلي كبير في العام التالي (1114هـ/ 1702م)، زعامة لا يمكن لوالي دمشق تجاوزها كي يأمن سلامة القافلة، ففي شهر شوَّال سافر للحجِّ الوالي محمَّد باشا بيرم وكان معه (3000 جمل) وطيَّب خاطر كليب شيخ عشائر البلاد الحورانية و«أعطاه الصُرَّ كاملًا ولم يعارضه معارض حتَّى رجع»[5].

---

(1) يشير دفتر الصُرِّ العثماني إلى قائمة صُرِّ قبيلة بني صخر وعشائرها الواردة في سجلِّ الصُرِّ العثماني لعام 1192هـ/ 1778م رقم 2422 والمحفوظ بالأرشيف العثماني تحت تصنيف (hmk.sr.2422ev) إلى أسماء القبائل التي دفعت لهم الصُرَّ على درب الحجِّ الشامي، ومنها قبيلة بني صخر، وقد قام بدارسة هذا السجلِّ الدكتور سهيل صابان.. «وحدَّد إلى دبيس آل فايز 4314.5 قرشًا موزَّعة على 80 اسمًا استلمها الشيخ ذياب الفايز».

(2) ابن كنَّان، محمَّد، الحوادث اليومية، ص 44.

(3) ابن كنَّان، محمَّد، الحوادث اليومية، ص46، 47.

(4) ابن كنَّان، محمَّد، الحودث اليومية، ص50.

(5) المصدر السابق، ص61.

وفي صفر 1115هـ/ 1703م هاجم زيدان بن فايز أخو الشيخ دبيس شيخِ بني صخر بالقرب من معان جردة الحاج ونهب ما فيها وأراد الرجوع بعد ذلك لمهاجمة الحجَّاج، ولما بلغ ذلك الشيخ «كليب ركب هو وأمير الجردة ابن القوَّاس فكسروا زيدان والعرب الجلالية، وعند العصر جاء الخبر للباشا بالنصر عليهم. وإذا بالبشاير وردت بالكسرة على زيدان...»[1].

تظهر قوَّة كليب السردية راعي الحيزة وأخو ذيبة في أحداث سنة (1116هـ/ 1704م) والمستند إلى إرث جدِّه المحفوظ السردي، زعيم السردية والمكلَّف بتزويد الحجِّ بالأباعر، ويحميه من اعتداء البدو[2] حين خرجت جردة الحجِّ ورافق أميرها إسلام باشا ومعه الأمير ابن القوَّاس[3] ووصف كليب بهذه الحملة بـ «الأمير كليب شيخ البلاد الحورانية»، ولما وصلت الجردة لمحطَّة العلا و«كان للحجِّ نحو ثلاثين يومًا فرَّق كليب الكثير من الغلال حتَّى بيع المدُّ بـعشرة قروش»[4].

لم يكن بوسع الولاة أحيانًا تقدير قوَّة الزعيم القبلي كما يجب، وهو الذي يحتاج للصُرَّة والأموال لدفعها لأبناء قبيلته وحلفائه، وحين تترجم الخصومة مع شيخ قبلي مثل كليب السردية بمنع الصرَّة عنه، فإنَّ النتائج ستكون وخيمة، وهذا ما حدث في عام (1117هـ/ 1705م) حين تولَّى دمشق حسين باشا الأشقر، والذي يبدو أنَّه كان على خلاف مع كليب، وحين يدبُّ الخلاف بين الباشا المكلَّف بإمارة الحجِّ، وهو محمد بيرم، والباشا الموكلة إليه ولاية دمشق وهو حسين الأشقر، ويصبح الصراع علنيًا بين الولاة، وهو ما يشير إليه ابن كنَّان بقوله: «ولمَّا وصلوا إلى

(1) المصدر السابق، ص65.

(2) زكريا، أحمد وصفي، عشائر، ص416. والسردية فرقتان هما: العون برئاسة ومشيخة كليب العون، والكليب بمشيخة سعود الكليب. ويعرف أهل الشيخ سعود بأسماء مختلفة، فعنزه يعرفونهم بالكنوج نسبة إلى كنج بن ظاهر أو جد الشيخ سعود، والدروز يعرفونهم بالكليب والحورانيون يعرفونهم بالكليب، ونخوتهم راعي الحيزة وأخو ذيبة. ص417.

(3) هو حسن باشا بن القوَّاس أمير ناحية وادي العجم، والتي تعدُّ أحد نواحي دمشق وفيها 44 قرية و242 خانة، وكان منزل ابن القوَّاس في شقحب، وكان الأمير يونس بن القوَّاس مقدم وادي العجم في القرن السادس عشر، وكان من اتباع أقبردي في فتنته، واستولى على قلعة الصبيبة ليعزِّز دوره ويقطع نفوذ نائب دمشق في حوران والجولان، واتَّخذ من شقحب مقرًّا له، كما يشير ابن طولون الصالحي وابن الحمصي. انظر: ابن طولون، محمَّد بن طولون الصالحي (ت:953هـ/ 1546م)، إعلام الورى بمن ولي نائبًا من الأتراك بدمشق الشام الكبرى، تحقيق محمَّد دهمان، المطبعة الرسمية، دمشق، ص105، 159، 141. ابن الحمصي، أحمد، حوادث الزمان، ص315. ابن كنَّان، الحوادث، ص87، 89، 91.

(4) ابن كنَّان، الحوادث، ص87.

المنزل المذكور ونزل الباشا الوطاق ورد الأمير ابن بيرم وسلَّم على الباشا... فلم يكرمه فحصل لابن بيرم غيظ شديد... فحصل منه – أي الكافل- تقصير شديد وقصَّر في واجبه كثيرًا»[1].

لم يكتفِ الوالي الجديد لدمشق بازدراء أمير الحجِّ، والي دمشق السابق محمَّد بيرم، بل أصرَّ على مهاجمة كليب السردية، وينقسم العرب والبدو إلى عدَّة أقسام، فمنهم من ظلَّ على تحالفه مع محمَّد بيرم الوالي المعزول عن دمشق، ومنهم من صار مع حسين باشا، ومنهم من ظلَّ على تحالفه مع الشيخ كليب، وبعد مقتل حسين باشا يلجأ أهل الشام وعلماؤها إلى محمَّد باشا بيرم ليعود ويقود الحملة الشعبية التي يشارك فيها العامَّة والأعيان وأرباب الحرف والمدرِّسون وأصحاب السجادات وأرباب الزوايا، ضدَّ كليب السردية، ولتحدث بعد ذلك مواجهة شديدة يصفها ابن كنَّان بالقول:

«...ثم ركب إلى كليب شيخ البلاد الحورانية، بعد أن منع الصرَّة عنه لهذه السنة، فلمَّا وصلوا إلى (المزيريب) نزل حسين باشا ومعه الزعماء، والفلَّاحون، والدروز ومن سائر البلاد لقتال كليب. ولقد كان دبيس العلاوي يجيء ويروح إلى ابن بيرم، وحسين باشا معه طاهر بن رسلان بن رباح، وأمَّا كليب – شيخ عشائر السردية وشيخ البلاد الحورانية – فمعه من العرب ما لا يعلمه إلَّا الله، حتَّى قيل إنَّها تبلغ نحو عشرين ألفًا، وكان عربه وخيامه التي نزلت عليه مسيرة ثلاثة أيَّام ومعه من أرباب الدروع والمقنَّعين نحو سبعمائة فارس».

كان دخول أمير الحجِّ يوم الأربعاء الثاني عشر من صفر، وأرسل إلى أمير الجردة، حسن باشا بن القوَّاس، وكان بقرية (شقحب) للحضور ومعه نحو عشرين بيرقًا معيَّنًا على كليب، وكان بينه وبين كليب مؤاخاة، فلم يحضر لقتاله وبقي مكانه، وكان قد حلف لكليب «بالطلاق» أنَّه لا يركب مع العسكر لقتاله، ثم إنَّ كليب صار كلَّ يوم يتقدَّم نحو العسكر ويرسل إليهم من يناشدهم حقن دماء المسلمين ودفع الصرَّة إليه، والباشا يضع كلَّ من يرسله في قفص الحديد ويسجنه، وهذا كلُّه من الجهل بحال العرب والبدو، وكذلك فإنَّ الدولة في دمشق طلبوا من الباشا الصلح فلم يرضَ، ولقد كان عسكر الباشا نحو عشرة آلاف»[2].

ثمَّ إنَّ كليبًا أرسل عرضًا للقاضي بالشام لإصلاح تلك القضيَّة، فلم يردُّوا له جوابًا، وكان مضمون رسالة كليب لهم: «إنَّ قتالي كان على وجه شرعي لأنِّي أطالب بحقوقي، وإنِّي سوف

---

(1) ابن كنَّان، الحوادث، ص90.

(2) ابن كنَّان، محمَّد، الحوادث اليومية، ص91.

أقاتلهم، أرجو أن تبيِّنوا لي أنتم علماء وأهل فتوى، أو اسعوا في الصلح لحقن دماء المسلمين ولكم ما تريدون، ولقد أحضرنا للسلطنة خيلًا أصيلة لنرسلها لهم ونُرضي خاطر الباشا وخاطر الكلِّ»، وعرضت هذه الدعوى للصلح على الباشا من طرف علماء دمشق والقاضي، فلم يوافق الباشا، فتارةً يطلب رأسه وتارة مالًا، ويقول المثل خيِّره تُحيِّره[1].

ولا يتوقَّف الأمر عند هذا الحدِّ، فيظهر ابن كنَّان أنَّ القاضي مال من جهته للصلح، وأرسل بجماعته ليرسلوا له عرضًا مكتوبًا في صلح كليب، وقالوا: نريد عمل صلح ونحقن دماء المسلمين، ولقد كان الأمير كليب ينتظر الجواب، والباشا ماكث لا يتحرَّك من مكانه، وكليب في كلِّ يوم يتقدَّم إلى قرب العسكر، فلمَّا لم يأته جواب ولم ينفعهم أيُّ كلام ولا مال، توعَّد الباشا في الصباح، وكان ابن سلامة قد أشار على الباشا أن يهجموا على كليب قبل أن يهجم على العسكر، فلم يوافق على هذا الاقتراح، وفي الصباح قام نحو ثلاثين خيَّالًا بالهجوم على عسكر الباشا، وأخذوا أحمالًا له، فقام العسكر والباشا باللحاق بهم، فلمَّا وصلوا إلى قرب الجبل طلع عليهم البدو مثل الجراد فأخذوهم، ولقد كان الباشا في آخر العسكر فضربه عبدٌ لكليب بالرمح وقتله وألقاه على الأرض ووضعه برجل جمل، ولم يترك البدو مع العسكر لا قليل ولا كثير، وقد ورد العسكر الشام حفاة عراة، حتَّى أنَّ القاضي العرضي الشيخ أبو بكر أفندي كان معهم، وهذه الكسرة مثل كسرة الفرنج، فإنَّ المسلمين عند انكسارهم مع الفرنج يرجعون بحوائج بدنهم، وأمَّا في هذه الواقعة فلم يرجعوا بشيء أصلًا حتَّى الخيام والخيول والدواب والأحمال فلم يبق منها أيُّ شيء، وهذه الواقعة كانت في الجابية[2] ولقد بقيت جثَّة الباشا لمدَّة ثلاثة أيَّام[3].

أمَّا باشا القدس فقد خرج للمساندة، وتحصَّن في مكان يُسمَّى الخربة، أصلها قرية لها عمارة وعليها حصن وفيها بئر ماء، وأخذوا يضربون العرب بالرصاص حتَّى قتلوا منهم الكثير، ولم يجرؤ أحد أن يهاجمهم لأنَّهم تحصَّنوا جيِّدًا، ثمَّ أرسلوا عرضًا إلى كليب بعد أن أخذ جماعته جميع ما في الخيام من الأموال والسلاح والخيول ما لا يحصى.[4]

---

(1) ابن كنَّان، محمَّد، الحوادث اليومية، ص 91-92.

(2) الجابية بلدة تقع في اقليم الجيدور، جنوب دمشق، من أعمال حوران، وكانت معسكرًا للمسلمين عند فتح الشام سنة 14هـ/ 635م. ويذكر ابن الحمصي في تاريخه في أحداث سنة 917هـ/ 1511م: وفي حادي عشر أداروا المحمل الشامي على العادة القديمة وألبسَ النايب سيباي عساكره بالعدَّة الكاملة، وركب معه القضاة، ووصلوا معه إلى باب الجابية. انظر: ابن الحمصي، أحمد، حوادث الزمان، ص575.

(3) ابن كنَّان، محمَّد، الحوادث اليومية، ص 92.

(4) المصدر السابق، ص 93.

ثمَّ قام كليب وكتب جميع الأسباب التي أدَّت إلى مقتل حسين باشا حتَّى يقدِّمها للسلطة، وساعده في ذلك قاضي العرضي الشيخ أبو بكر أفندي، ولمَّا طال الحصار على المحاصرين (بالخربة) كتبوا لدمشق أنَّنا محاصرون في الخربة والعرب حولنا من كلِّ الجهات، فإمَّا تكتبوا لكليب بالمعونة أو مال حتَّى نعطيه ونخرج من الخربة، ولمَّا وصلت الأنباء بقتل الباشا وأنَّ باشا القدس محاصر أخرجوا العلم فوضعوه على باب السرايا، ونادوا بالنفير العام للركوب على كليب وأرسلوا إلى ابن بيرم بعد أن رحل من دمشق إلى حرستا، وكان الباشا المقتول قد عرض عليه السفر معه فلم يرض، وقال لست مأمورًا إلا بالحجِّ، فلما قتل الباشا وأعلن النفير العام طيَّبوا خاطر ابن بيرم ليركب مع الناس على كليب، فخرج الناس ونادوا على العام والخاص وأن لا يتخلَّف أحد، وبرزوا إلى قبَّة الحاجِّ للخيام فخرج القاضي والشيخ مراد والموالي والعلماء والمدرِّسون وأعيان البلد وأصحاب السجادات وأرباب الزوايا كلُّ واحد ومعه من جماعته أناس، وقد خرج بقيَّة العوام مما لا يحصى، ولكن من غير تدبير، فلما جاء المساء لم يروا أحدًا، ورجع الناس، إلى أماكنهم ولقد بات ابن بيرم تلك الليلة بالقنيطرة فجاء من أخبره أنَّ كليب قد جاء بسبعمائة فارس جميعهم بالدروع ليأخذك الليلة فرجع من شدَّة خوفه من كليب، ثمَّ أمروا ابن بيرم ألَّا ينزل دمشق ولا حرستا بل يرحل بالكلية عنها، فرجع في الحال ورجع الكلُّ عن آخرهم وكفى الله المؤمنين القتال... ولمَّا تأخَّر الجواب عليهم لانشغالهم بما استعدُّوا من السفر والنفير العام واشتغلوا عنهم، عادوا وعرضوا على كليب في أن يطلق سراحهم فهدأت الفتنة»[1].

في العشرين من شوَّال سنة (1117هـ/ 1705م) طلع الحجُّ وسافر معه عبد الرحمن باشا أميرًا له ولم يتعرَّض كليب له، لكن في منطقة العلا أخذ بدو عنِزه الصرَّة كما أخذوا صرَّة كليب له، وقد أخذوا من الراكب والماشي حتَّى لم يتركوا أحدًا، وفي ذي القعدة أخذ ابن بيرم قلعة جبريل فحرقها وحرق من فيها من الفلَّاحين وكان يظنُّ أنَّ فيها أموالًا وذخائر للعرب، ولم يجد فيها «غير القمح والزيت»[2].

لم يترك البدو حادثة قلعة ابن جبريل لتمرَّ من دون أن يأخذوا بثأرهم، ففي السنة التالية (1118هـ/ 1706م) خرج محمد باشا بيرم أميرًا لجردة الحجِّ، ولكنَّ عداءه القديم مع العرب،

---

(1) يروي ابن كنَّان تفاصيل الحادثة بشكل دقيق ويروي تدخُّل العلماء ووقوفهم إلى جانب حسين الأشقر، ابن كنَّان، محمَّد، الحوادث اليومية، ص: 91-96.

(2) ابن كنَّان، محمَّد، الحوادث اليومية، ص102.

ورفضه دفع الصُرَّة، دفعهم للهجوم على الجردة «ورجع الباشا ولم يسلم معه إلا خزنة المال هرب بها إلى الجابية وأبقى الصيوان والجمال والأحمال فأخذ الكل العرب، ولا قوَّة إلا بالله»[1].

وفي أواخر ربيع الأوَّل عام (1118هـ/ 1706م) جاء كتاب من طرف ابن بيرم، وذلك أنَّه قد جاء بالحجِّ على وادي موسى خوفًا عليه من كليب السردية، وقد قيل إنَّ كليب متوافق مع ظاهر السلامة وكان مع ابن سلامة نحو الأربعين بيرقًا، فهرب ظاهر السلامة وكان كليب يقدر على ظاهر، ولكن كانت أخت ظاهر السلامة مع كليب... «إنَّما وقع الذبح في الماشية والسكَّان ولم يجئ خبر عن الحجِّ»[2].

وبعد أن تحوَّل الحجَّاج إلى وادي موسى خوفًا من كليب أرسل كبراء دمشق إلى باشا صيدا حتَّى يفتِّش على الحاج، ثم جاء كتاب أنَّ الحاج يصل بعد ثلاثة أيَّام ولم يكن معهم طعام طول المدَّة، ثمَّ جاء فرمان مطلوب فيه رأس ابن بيرم بسبب ما حصل للحجّاج من تأخير وتسلَّم سليمان باشا أمور دمشق بعد أن كذب ابن بيرم على السلطنة العثمانية[3].

ثمَّ هرب ابن بيرم إلى عرب الصقر بعد وصول الحجَّاج ومعرفته بصدور فرمان يقضي بقتله، وسيكون على الوالي الجديد وهو سليمان باشا والي جدَّة السابق والذي دخل دمشق يوم «السبت أوَّل جمادى الأولى»[4] من عام (1118هـ/ 1706م) أن يتعامل مع الشيخ كليب السردية بمنطق الاحتواء القائم على منحه المسؤولية الكاملة عن سلامة قافلة الحجِّ فطيَّب خاطر كليب»، ودرّكه أمر الحج الشريف إلى مكَّة»، ثمَّ أرسل الباشا الخلع لظاهر السلامة وسكت عن كليب وفي السابع والعشرين جاء تكليف أن يحجَّ سليمان باشا كأمير للحجِّ[5].

هذه السياسة التي اتَّبعها والي دمشق سليمان باشا سوف تنعكس على أحوال قافلة الحجِّ، ففي ذي القعدة (1118هـ/ 1706م) جاء الخبر أنَّ الحجَّ والحجَّاج بخير و«العرب الجلَّابة كثيرة والجِمال والباشا راح عند كليب مرَّات وباسطه، وعمل له ضيافة وتدرّك أمر الحجِّ من القرمانية ونادوا بالأمان والاطمئنان»، وكان نتيجة هذه السياسة وحسن العلاقات أن أرسل الباشا عرضًا

(1) المصدر السابق، ص104.

(2) ابن كنَّان، محمَّد، الحودث اليومية، ص110.

(3) المصدر السابق، 112.

(4) المصدر السابق، ص113.

(5) المصدر السابق، ص: 113، 115.

للحكومة في حُسن حال كليب و«أنَّه طاهر المجلس من طرف بني عثمان»[1]. ويبدو أنَّ ما كتبه والي دمشق بكليب وجد أذنًا صاغية في اسطنبول ليردَّ العفو عن كليب في السادس عشر من ذي الحجَّة، وذلك «بعرض من باشا الشام سليمان باشا»، بيد أنَّ هذا العفو كان يخفي فرمانًا صدر بضرورة قتل كليب[2].

وتطوَّع لتنفيذ الفرمان ظاهر السلامة شيخ مشايخ عرب الصقر[3]، فجمع جموعًا كثيرة وذلك لقتال كليب وكان معه ما يزيد على أحد عشر ألفًا بالفرمان السابق والذي ينصُّ على قتل كليب، وكان سليمان باشا قد أخبر أنَّ ظاهر السلامة مختفٍ ولا يقدر على تدرّك أمر الحجِّ وعرض كليب لذلك وطلب العفو عنه وسلَّمه درك الحاج[4].

أكَّد كليب السردية بهذا العفو الصادر عنه، قوَّته في تأمين قافلة الحجِّ، وعجز الولاة وحلفائهم من مشايخ القبائل، لكنَّ السنة التالية (1119هـ/ 1707م) ستأتي بما هو أسوأ على قافلة الحجِّ، فبينما كان كافل دمشق سليمان باشا غائبًا في الحجِّ، وفي أواسط شهر محرَّم جاء الخبر بأنَّ عرب بني عطية حلفاء ظاهر السلامة قد تعرَّضوا للجردة، وقد واجههم كليب السردية ودحرهم، وجاء في المصادر أيضًا أنَّ سيلًا عظيمًا اعترضهم بمحطَّة هدية جنوب دمشق (1135) كم، ولم ينجُ إلَّا من اعتلى الجبال، كما اعترض الحجَّاج أيضًا شيخ بلاد العلا وهو فوزان الدبيس وأخوه زيدان اعترضا الحجَّ وواجههما سليمان باشا وهزمهما، وفرَّ بدو الدبيس[5].

وفي العاشر من جمادى الثاني (1119هـ/ 1707م) وردت إمارة الحجِّ لحسن باشا بن القوَّاس[6] أمير ناحية وادي العجم[7]، وبالرغم من حدوث هذا التغيير المهمِّ إلَّا أنَّ وجود كليب كزعيم كبير سيتأكَّد في محرم سنة (1120هـ/ 1708م) حين جاء الخبر بأنَّ الدبيس – شيخ البلاد

---

(1) ابن كنَّان، محمَّد، الحوادث اليومية، ص121.

(2) المصدر السابق، ص 122.

(3) هو شيخ مشايخ عرب الصقر المفارجة من طي. وقد أسَّست عشائر عرب الصقر مشيختها في حوران جاعلة من المزيريب حيث منابع نهر اليرموك مقرًا لعشائرها، وأخذت تُغير على العربان في سائر الأطراف. وقد تعرَّضت إلى ضغوط من الدولة العثمانية عبر مسيرتها التاريخية، في تلك النواحي من إصدار المراسيم بتثبيت حكمها لحوران، ومراسيم بعزلها وطردها عن حوران وإحلال عرب السردية مكانها.

(4) ابن كنَّان، محمَّد، الحوادث اليومية، ص123.

(5) ابن كنَّان، محمَّد، الحوادث اليومية، ص127.

(6) المصدر السابق، ص129.

(7) ومن أشهر عشائر وادي العجم عرب النعيم وآل فضل، انظر: زكريا، أحمد وصفي، عشائر الشام، ص391.

العلاوية/ بلاد العلا تعرَّض للجردة «وأخَّرها ثلاثة أيَّام حتَّى وصل كليب فنهب الدبيس وكسره وانجرح الدبيس، وهو متمرِّض وأخذ منهم جِمالًا وأسر منهم جماعة»[8].

وعند خروج الحجِّ تهاون أمير الحجِّ حسن باشا في إعطاء الصرَّة للبدو فعارضوه في العودة عند محطة (الديار الحمرا) وهي منطقة تبعد عن دمشق (881 كم) إلى الجنوب، وكان حسن باشا كلَّ يوم يعدهم غدًا إلى أن خرجوا عليه فنزل وأرضاهم وأعطاهم الصرَّة، وهنا يظهر دور كليب مرَّة أخرى في مواجهة عرب الدبيس وإنهاء الدبيس «وانجرح الدبيس وقيل لا يعيش منه»[9].

دخل نصُوح باشا دمشق واليًا عام 1111هـ/ 1708م في مظهر غريب، وفي السنة التالية في عام (1121هـ/ 1709م) حجَّ نصُوح باشا بالركب أميرًا عليه[10]، ولمَّا عاد وجد أنَّ البدو اجتمعوا عند منزلة «باب الوالدة»، «والدة قبوسي»، ودارت المفاوضات بين قوَّات الباشا والبدو، ويقدِّر صاحب تاريخ راشد عددهم بأربعة آلاف، استطاع نصُوح باشا بما يرافقه من قوَّات أن يحملهم على الفرار[11] وهرب العرب منهم، حتَّى وصلوا إلى «المزيريب»[12] في 29 محرَّم الحرام 1121هـ/ 1709م.

وكان البدو قد اجتمعوا على مسافة نصف ساعة من مقرِّ الحجَّاج[13]، ولمَّا وصل نصُوح باشا حاول مفاوضة كليب شيخ عرب حوران وكان جمع أعدادًا كبيرة من البدو بمهاجمة القافلة، فأرسل له نصُوح باشا لكي يفاوضه ليكون ذلك آخر حضور لكليب السردية في المشهد.

مقتل كليب كان غدرًا، وذلك أنَّ التركمان طلبوا كليب للتفاهم معه ضدَّ نصُوح باشا الذي حاربهم، فجاء كليب ونزل دار قاسم آغا، أحد زعماء التركمان في دمشق، و«شكوا له أمرَ الباشا

---

(8) ابن كنَّان، محمَّد، الحوادث اليومية، ص137.

(9) ابن كنَّان، محمَّد، الحوادث اليومية، ص138.

(10) المصدر السابق، ص 146.

(11) أبو المكارم؛ محمَّد، تاريخ راشد، جلد1، ص 281، 282.

(12) تبعد المزيريب حوالي 13 كم جنوبي دمشق، وفيها يجتمع الحجَّاج بعد خروجهم من دمشق، ويرافقهم إليها طائفة يطلق عليهم المزيربابية، ويستمرُّ بقاء الحجاج فيها مدَّة اسبوع حتَّى يجتمع كلُّ الحجَّاج ثمَّ ينطلق الركب ويعود المزيربابية إلى الشام. انظر: ابن كبريت. محمَّد، رحلة الشتاء والصيف، ص 230. ابن كنَّان، محمَّد، المواكب الإسلامية، ج2، ص 353. البديري، أحمد، حوادث دمشق، ص 10، 31. رافق، عبد الكريم، قافلة الحجِّ الشامي، ص 205.

(13) يُلاحَظ أنَّ صاحب تاريخ راشد يروي معلومات مفصَّلة عن هذا الحادث، وهو ما لم تذكر المصادر المحلِّية العربية – لكنَّنا لا نعرف من أين استقى معلوماته. أبو المكارم، محمَّد، تاريخ راشد، جلد 1، ص 282، 283.

وأنَّهم خائفون من غدره»، فقال لهم: أضع رمحي في سراياه، ومكث عند قاسم آغا، ويبدو أن التركمان اتَّفقوا مع كليب على العمل ضدَّ نصُّوح باشا وهو ما يظهر بعبارة ابن كنَّان «وربطوا معه على الباشا»، ولمَّا بلغ نصُّوح باشا ذلك الاتفاق، وهو في طريق الحج فلما وصل الباشا إلى محطَّة المزيريب جاء كليب إلى عنده ليسلِّم وذلك بالخيمة التي نصبت بعيدًا عن الحجِّ لأجل اجتماع الباشا بشيخ البلاد الحورانية، لأنَّ شيخ البلاد لا يركن أن يدخل خيام الدولة خوفًا من الغدر»[1]. وكان ذلك نهار الخميس غرَّة صفر 1121هـ/ 1709م[2]

ورغم أنَّ النصَّ الذي يورده ابن كنَّان يبيِّن عدم الثقة بين طرفي المعادلة، وبرغم أنَّ محمد نجل الشيخ كليب كان مرافقًا لنصُّوح باشا في رحلة الحجِّ، فإنَّه لمَّا صافح كليب نصُّوح باشا وكان العرب واقفين بعيدًا عن الخيمة وما أن مدَّ كليب يده لنصُّوح باشا حتَّى ضربه بخنجر كان معه فأرداه أرضًا، ولم يكتف نصُّوح باشا عند ذلك، بل أمر الجوخدار بأن يحتزَّ رأس كليب وفعل[3]، ليضرب البارود بعد ذلك إعلانًا بمقتل الشيخ كليب الفوَّاز السردية.

ما بعد كليب

لم تنه وفاة الشيخ كليب الفواز السردية اعتداءات البدو وتهديداتهم لقافلة الحجِّ، بل إنَّها استمرَّت، وسيلقى نصُّوح باشا مصيرًا صعبًا برغم ما قام به من خدمة للدولة، وبعد مقتل كليب خلفه ابنه طاهر في قيادة البدو[4]، الذين هاجموا الحجَّاج في العام التالي 1122هـ/ 1710م، وقتلوا بعض جنود نصُّوح باشا[5]، ثم هاجموا الحجَّاج عام 1124هـ/ 1712م وأجبروا أمير الحجِّ على تغيير طريقه في العودة[6].

(1) ابن كنَّان، محمَّد، الحوادث اليومية، ص 209.

(2) ابن جمعة، محمَّد، الباشات والقضاة، ص 52. ابن كنَّان، محمَّد، الحوادث اليومية، ص 209. أبو المكارم، محمَّد، تاريخ راشد، جلد 3، ص 280-282، الشهابي، حيدر، الغرر الحسان، ج2، ص 753.Rafiq. A. The Province of Damascus, p. 103.

(3) ابن كنَّان، محمَّد، الحوادث اليومية، ص209.

(4) المصدر نفسه، ص 302.

(5) ابن جمعة، محمَّد، الباشات والقضاة، ص 53.

(6) ابن جمعة، محمَّد، الباشات والقضاة، ص 54. ابن كنَّان، محمَّد، الحوادث اليومية، ص 188.

وفي العام 1125هـ/ 1713م حجَّ نصُوح باشا بالناس الحجَّة السادسة من تاريخ ولايته على دمشق، وبالرغم من جهوده التي بذلها من أجل الحفاظ على أمن الحجَّاج، فإنَّ الأوامر السلطانية كانت قد صدرت في اسطنبول إلى يوسف باشا طوبال، والي حلب والرقَّة بأن يهيِّأ جيشًا للسير إلى دمشق وقتل نصُوح باشا[1].

ويصف ابن كنَّان هذا الحدث وكيف هدَّد نصُوح باشا بإيذاء الحجَّاج إذا تعرَّضوا له[2]، ويشير ابن جمعة إلى الوزراء الذين شاركوا يوسف باشا طوبال فيذكر خمسة وزراء، و1500 جندي من التركمان والأكراد الذين خرجوا لملاقاة نصُوح باشا وتنفيذ أمر قتله[3].

حكم نصُوح باشا ولاية دمشق لستٍّ سنوات متتالية وُصفت «بالأمن والرخاء»[4]، وقد عمل على تحقيق الأمن وتمركز السلطة في الولاية، وعمل بشكل بارز من أجل تأمين سلامة قافلة الحجِّ الشامي، واستطاع أن يحقِّق نتائج هامَّة، كانت حصيلة «ثلاث سنوات يعامل العرب ويكرمهم بنفسه[5]» وانتهت بتحقيق مطلب الدولة العثمانية الذي أوكلته إليه وهو قتل كليب بن حمد شيخ عرب الشام الذي هاجم قافلة الحجِّ عدَّة مرات.

السؤال الآن: ما هو السبب الذي جعل السلطنة العثمانية تتغيَّر تجاه نصُوح باشا وتأمر بقتله؟! يذكر ابن كنَّان أنَّ نصُوح كان واليًا على دمشق عام 1125هـ/ 1713م وأميرًا للحجِّ[6]، وأعطيت إليه كفالة جدَّة[7]، هذا عدا عن إشرافه المباشر على صناجق القدس، وعجلون وغزَّة ونابلس وصفد وغيرها[8]. ويقول إبراهيم خليل أحمد إنَّ سبب العزل لنصُوح باشا، هو كثرة تعدِّيات البدو على قافلة الحجِّ، ما جعل السلطان يعزل الوالي المسؤول عن تلك الفوضى (1121هـ/ 1709م/ 1127هـ/ 1715م)[9].

---

(1) ابن جمعة، محمَّد، الباشات والقضاة، ص 56. أبو المكارم، محمَّد، تاريخ راشد، جلد4، ص 9-10.

(2) ابن كنَّان، محمَّد، الحوادث اليومية، ص 188. ابن جمعه، محمَّد، الباشات والقضاة، ص 54.

(3) ابن كنَّان، محمَّد، الحوادث اليومية، ص 189-190. القاري، رسلان، الوزراء، ص 56. أبو المكارم، محمَّد، تاريخ راشد، جلد 4، ص 9-10. Barbir, K. Ottoman Rule in Damascus, pp. 35-56.

(4) ابن جمعة، محمَّد، الباشات والقضاة، ص 56.

(5) ابن كنَّان، محمَّد، الحوادث اليومية، ص 212.

(6) ابن كنَّان، محمَّد، الحوادث اليومية، ص 188، 198.

(7) ابن كنَّان؛ محمَّد، الحوادث اليومية، ص 193.

(8) Barbir. K. Ottoman Rule in Damascus, p. 54.

(9) أحمد؛ إبراهيم خليل، تاريخ الوطن العربي، ص 100-105.

وإذا ما قسنا الفترة التي حكمها نصُوح باشا في دمشق، والبالغة 6 سنوات، نجد أنّه أوّل الولاة الذين حقّقوا مثل هذه الفترة في البقاء على ولاية دمشق، ويمكن قبول تعليل إبراهيم خليل أحمد استنادًا إلى اعتداءات البدو على القافلة البالغة أربعة اعتداءات خلال ستّ سنوات حكمها نصُوح باشا في دمشق وجعلها سببًا للتخلُّص منه، ويصفها كحوادث فوضى أزعجت السلطان العثماني آنذاك.

لكنَّ نصُوح باشا هو الذي خلّص الحجّاج من اعتداءات كليب شيخ عرب السردية وقتلَه[1]، وهو الذي قاد عدَّة حملات تأديبية على عرب البلقاء والدروز والقدس والكرك[2] وهذه الجهود كانت محلَّ اعتبار وتقدير له، و«كان السلطان يعتبر شؤونه وأموره لِما أصلحه»[3].

إنَّ المصادر العربية لا توضح الأسباب التي دعت الدولة لتصفية نصُوح باشا، ولكنَّ أبا المكارم محمد المعروف بـ (راشد)، وبوصفه مؤرِّخًا للدولة[4]، يشير إلى سبب إصدار الأوامر بقتل نصُوح باشا، ويكاد يكون الأكثر دقَّة في بيان أسباب قتل وعزل نصُوح باشا، قائلًا: لقد حرَّك نصُوح باشا غضب السلطنة عليه، لأنّه أخذ يطالب بضمِّ مناطق أخرى إلى سلطته، ألحق إدارتها بأقاربه وأبنائه وهي الشام وجدَّة وحبش وعجلون وبانياس وغزة ونابلس وصفد وبعلبك وجنين، وسائر متصرِّفيات طرابلس وصيدا وبيروت، وكرَّر الطلب في ذلك[5]، وبذلك يبدو أنَّ تعاظم نفوذ نصُوح باشا ونزوعه إلى تشكيل عصبة محلِّية، وإحساس الدولة بخطر ذلك هو الذي حملها على إنهاء ولايته وقتله، رغم الأعمال التي قام بها، إلَّا أنَّ طموحه ورغبته في ضمِّ مناطق جديدة لدائرة نفوذه، والتي كان يطالب بها كلَّ سنة عند تجديد ولايته، هي التي ساهمت في القضاء عليه إلى جانب مخاوف السلطنة منه ومن طموحاته التوسُّعية[6]، ومهما يكن من أمر فقد كان حكم نصُوح باشا، مقدِّمة لمرحلة جديدة ستشهدها ولاية دمشق، مقياسًا للفترات السابقة،

---

(1) ابن كنَّان، محمَّد، الحوادث اليومية، ص 198-190؛ أبو المكارم، محمَّد، تاريخ راشد، جلد 4، ص 9-10.

(2) حول أعمال نصُوح باشا العسكرية. انظر: البكري، مصطفى، الخمرة الحسية، ق 32، ب. ابن جمعة، محمَّد، الباشات والقضاة، ص 52. ابن كنَّان، محمَّد، الحوادث اليومية، ص 210، 194، 981.

(3) ابن كنَّان، الحوادث اليومية، ص 212. حول أسباب ازدياد اعتداءات البدو على القافلة وربطها مع التحوُّلات التاريخية في المنطقة، انظر: غرايبة، عبد الكريم، تاريخ العرب الحديث، ص 51-52.

Barbir. K. Ottoman Rule in Damascus, p. 104-105.

(4) انجمنجه قبول أيدلمشدر، عثمانلى مؤلفري اوجنجى، جلد 5، ص 55.

(5) أبو المكارم، محمَّد، تاريخ راشد، جلد 4، ص 9.

(6) . أبو المكارم، محمَّد، تاريخ راشد، جلد4، ص9. وانظر: Barbir. K. Ottoman Rule in Damascus, p. 54

حيث سيشغل بعض الولاة بعده مدَّة أطول في حكمهم، من أجل تأمين سلامة قافلة الحجِّ[1].

خلف نصُوح باشا على دمشق، محمَّد باشا جركس (شركس) (1126-1128هـ/ 1714-1715م)[2]، لكنَّه لم يستمرَّ طويلاً، فسرعان ما تسلَّم مكانه يوسف باشا طوبال (1127-1129هـ/ 1715-1716م)[3]. وفي ولايته، جابه قوَّات القابي قول التي التقت لأوَّل مرَّة مع العامَّة في رفضهم الضرائب التي فرضها يوسف باشا بعدما أبطلها نصُوح باشا، «فقام القوم على نايب القاضي ثمَّ دخلوا السرايا»[4].

في سياق نموِّ الدور الذي أخذ يتشكَّل لقوَّات القابي قول وعلاقتهم مع المجتمع، يرى عبد الكريم رافق، أنَّه من المهمِّ الوقوف عند هذه الحادثة، التي واجهها يوسف باشا طوبال، وتزعَّمها ضدَّ قوى القابي قول مع العامَّة الدمشقية، وذلك لأنَّ وقوفهم إلى جانب العامَّة واجتماعهم على فرض الضرائب هو نتيجة دالَّة على ارتباط مصالحهم الاقتصادية بهذه الضرائب، والتي أخذت تنمو مع تقادم وجودهم في المدينة[5]، حيث أصبحوا يمتزجون بأهل دمشق بالتدريج. وبدلًا من أن يقرِّب هذا بينهم وبين اليرلية، فإن العداء زاد؛ لأنَّ كلَّ فئة لها مصالحها الخاصَّة، وبالتالي أضيف عامل المنافسة على المصالح في مجال الصراع بين طرفي المعادلة في دمشق: الدولة وممثِّلوها من جهة والمجتمع وقواه المحلِّية من جهة أخرى.

توفِّي يوسف باشا طوبال[6]، في السابع عشر من شعبان 1128هـ/ 1719م[7]، وخلفه إبراهيم باشا كافلًا لدمشق، «ولما دخل كان بموكب وهو مأمور بالحجِّ»[8]، وما أن عاد إلى دمشق حتَّى وجد

---

(1) رافق، عبد الكريم، بلاد الشام ومصر، ص 222.

(2) ابن كنَّان، محمَّد، الحوادث اليومية، ص 220. مجهول، ذكر دمشق والشام، ق 22ب؛ الشهابي، حيدر، الغرر الحسان، ج2، ص 756. النمر، إحسان، تاريخ جبل نابلس، ج3، ص 30-31. القاري، رسلان، الوزراء، ص 76.

(3) ابن كنَّان، محمَّد، الحوادث اليومية، ص 23. ابن جمعه، محمَّد، الباشات والقضاة، ص 56. الشهابي، حيدر، الغرر الحسان، ج2، ص 756. مجهول، ذكر دمشق والشام، ص 23ظ.

(4) ابن كنَّان، محمَّد، الحوادث اليومية، ص 251. ابن جمعة، محمَّد، الباشات والقضاة، ص 56، ويطلق ابن كنَّان على هذه الحادثة فتنة الصرصار وقد قتل فيها ثلاثة أنفار. انظر: ابن كنَّان، الحوادث اليومية، ص 251.

(5) رافق، عبد الكريم، بلاد الشام ومصر، ص 223.

(6) رافق، عبد الكريم، بلاد الشام ومصر، ص 223.

(7) ابن كنَّان، محمَّد، الحوادث اليومية، ص 255.

(8) ابن كنَّان، محمَّد، الحوادث اليومية، ص 257. مجهول، ذكر دمشق والشام، ق 23 ظ. الشهابي، حيدر، الغرر الحسان، ج2، ص 257.

الأمر قد صدر «لعبد الله باشا الكبرلى (الكوبرلى) بالعزل عن القدس[1] وتوليه دمشق وزيرًا، ودخلها في الخامس عشر من صفر 1129هـ/ 1719م[2]، وكانت أوَّل مواجهة له مع قوى اليرلية المحلِّية بدمشق»، إذ قامت الفتنة وأدَّت به لقتل جماعة منهم وسكرت الشام»[3]، وحكم عبد باشا الكوبرلي أقلَّ من عام، وُصف حكمه «بالعدل والحكمة[4]» وخلفه رجب باشا (1131-1132هـ/ 1717-1719م)[5]، وكان دخوله في يوم الاثنين الرابع عشر من ربيع الأوَّل 1135هـ/ 1717م و«معه نحو مائة بيرق ولاقاه الأعيان[6]، وبيده كل شيء[7] وقام بالتفتيش على المكاييل والميازين»[8].

خلال فترة ولايته التي استمرَّت نحو عامين، أقام رجب باشا علاقات مع العلماء وأهل القلم بدمشق وحظي بتأييد منهم «ودعا علماء وفضلاء... ونال العفو والمسامحة»[9]، واهتمَّ بالمدارس والأوقاف»، وفي ربيع ثاني 1130هـ/ 1717م، وقع منه تفتيش على المدارس والتكايا والأوقاف، وكثرت دعاوي الناس، ودخل المدرِّسون دروسهم وعزموا الأفاضل والطلبة، واهتمُّوا بذلك كثيرًا لأمر الباشا، ولعلَّ معه فرمان في ذلك[10]. ووزَّع الأعطيات وأعطى لمولانا عبد الغني النابلسي[11] عشرين عثمانيًا جعلها على أولاده... وفي هذا أنفق أمواله[12]»، وبقي على

---

(1) ابن كنَّان، محمَّد، الحوادث اليومية، ص 64.

(2) مجهول، ذكر دمشق الشام، ق24ب، ابن كنَّان، الحوادث اليومية، ص 265.

(3) ابن كنَّان، محمَّد، الحوادث اليومية، ص 267. رافق، عبد الكريم، بلاد الشام ومصر، ص 223.

(4) الشهابي، حيدر، الغرر الحسان، ج2، ص 756.

(5) مجهول، ذكر دمشق الشام، ق ق 24ب. الشهابي، حيدر، الغرر الحسان، ج2، ص 756.

(6) تقول ليندا شليشر أنَّ تعبير الأعيان يستعمل لوصف الشخص الذي يجعل مركزه مستمرًّا كزعيم محلِّي بفضل وظيفته أو علاقته بالإدارة المحلِّية أو العثمانية الإقليمية، في حين يرى عبد الله حنَّا: بأنَّ كتب تراجم الفترة تعطي مدلولًا أخر موجَّهًا إلى مصطلح أعيان العصر «المعترف بهم من العامَّة وهم مشايخ الطرق الصوفية، وأصحاب الكرامات». أمَّا فليب خوري فقد قسم الأعيان إلى فئتين هما: الوجهاء الدينيون والوجهاء المدنيُّون. انظر: شيلشير، ليندا، مظاهر أحوال الأعيان، ج1، ص 324. حنا، عبد الله، تحرُّكات العامَّة. ص 518-519. خوري، فليب، طبيعة السلطة، ص 443-453.

(7) ابن كنَّان، محمَّد، الحوادث اليومية، ص 280. القاري، رسلان، الوزراء، ص 77.

(8) القاري، رسلان، الوزراء، ص 77.

(9) ابن كنَّان، محمَّد، الحوادث اليومية، ص 285.

(10) ابن كنَّان، محمَّد، الحوادث اليومية، ص 285.

(11) هو الشيخ عبد الغني بن اسماعيل بن عبد الغني المعروف بالنابلسي الدمشقي النقشبندي القادري، ولد بدمشق سنة (1050هـ/ 1641م) وتوفِّي بها سنة 1143هـ/ 1731م. انظر: مصادر ترجمته في: النابلسي، عبد الغني، نهاية المراد، ص 1-13. المرادي، محمَّد خليل، سلك الدرر، ج3، ص 30-38. الحسيبي، أبو السعود، حادثة الستين، ق 37، ب.

(12) ابن كنَّان، محمَّد، الحوادث اليومية، ص 258.

ذلك حتّى سُمع أنّه بالروم مرادهم عزله[1]»، وبالرغم من هذه الأعمال فإنَّ ولاية رجب باشا لم تستمرَّ طويلًا بالرغم من الصورة الإيجابية التي ترسمها المصادر المحلِّية عنه.

تولّى عثمان باشا أبي طوق بعد رجب باشا للمرّة الأولى، وكان دخوله دمشق يوم الثلاثاء في العشرين من جمادى الأولى 1131هـ/ 1718م وكان قبل ذلك واليًا على صيدا[2]، وقد بدأت ولايته الأولى بمواجهة مع قوّات القابي قول في دمشق إلى جانب سياسته التي تصفها أدبيّات الفترة بأنّها كانت «غير محمودة»، يميِّزها الظلم والبطش وانعدام العدل[3]، ولم تكد المواجهة تنتهي مع القابي قول حتّى عزل عثمان باشا وكانت «الفتنة التي صارت بين الباشا ودولة القللة»[4] سببًا في عزله.

خلال الفترة التي امتدَّت بين نهاية ولاية عثمان باشا الأولى، وعودته مرّة ثانية عام 1135هـ/ 1723م، حُكمت دمشق من قبل اثنين من الولاة هما: عثمان باشا كتخدا[5] (1132-1134هـ/ 1719-1721م)[6] وخلفه علي باشا ابن المقتول الذي دخل دمشق في رابع شعبان 1134هـ/ 1711م[7] واستمر في ولايته حتّى أواخر صفر 1135هـ/ 1722م، وهنا تُوجّه ولاية دمشق إلى عثمان باشا أبو طوق مرة ثانية وكان «مأمور بالسفر مع الحجِّ الشريف»[8].

كانت ولاية عثمان باشا الثانية استمرارًا لسياسته التي اتّبعها في ولايته الأولى. وبلغ في الثانية أقصى نفوذ له (1135-1138هـ/ 1722-1725م) وآنذاك حكم أحد أبنائه ولاية صيدا، بعد

---

(1) ابن كنّان، محمَّد، الحوادث اليومية، ص 297.

(2) ابن كنّان، محمَّد، الحوادث اليومية، ص 298. مجهول، ذكر دمشق الشام، ق30 ظ، القاري، رسلان، الوزراء، ص 77. الشهابي، حيدر، الغرر الحسان، ج2، ص 756.

(3) القارى، رسلان، الوزراء، ص 77. بريك، ميخائيل، تاريخ الشام، ص 3.

(4) ابن كنّان، محمَّد، الحوادث اليومية، ص 299. رافق، عبد الكريم، بلاد الشام ومصر، ص 223.

(5) حمل هذا اللقب لأنّه كتخدا يوسف باشا طوبال من قبل. ابن جمعة، محمَّد، الباشات والقضاة، ص 58، وكلمة كتخدا، أو الكاخيا، تركية محوَّرة من الأصل الفارسي «كتخدا»، وتعني سيِّد البيت وقد لعب كخيا الوالي دورًا هامًّا في دمشق، حتّى أصبح منهم ولاة على دمشق. وكان الكتخدا يُعين في منصبه لعام واحد، إلّا أنَّ بعضهم استطاع البقاء مدّة أطول وقد اختلف وضعه من ولاية لأخرى. انظر: جب وبوون، المجتمع الإسلامي، ح1، ص 214-215. البديري، أحمد، حوادث دمشق، ص 176. بريك، ميخائيل، تاريخ الشام، ص 36. غرايبة، عبد الكريم، مقدِّمة في تاريخ العرب، ج1، ص 59. نعيسه، يوسف، مجتمع دمشق، ج1، ص 216.

(6) مجهول، ذكر دمشق الشام، قَ 30 ظ. ابن كنّان، محمَّد، الحوادث اليومية، ص 314، ص 335.

(7) ابن كنّان، محمَّد، الحوادث اليومية، ص 337. مجهول، ذكر دمشق الشام، ق 30، ب.

(8) ابن كنّان، محمَّد، الحوادث اليومية، ص 348، مجهول، ذكر دمشق الشام، ق 3، ب.

أن نقل والده منها إلى دمشق[1]، وبالرغم من سياسته التي تصفها التواريخ المحلِّية إبَّان ولايته الثانية: «بأنَّه كان رجلًا من الخوارج وسيرته غير حسنة[2]»، إلاَّ أنَّنا نجد أنَّه «يميل للفنون وكان صاحب علوم، ولكنَّه ظالم وجائر»[3]. وزاد من استياء الناس عليه، اعتماده على العوانية[4] والتفافهم حوله، حيث مارسوا الظلم وابتزاز أموال الأهلين[5]، ونهب القرى[6]، ممّا أثار استياء «عامَّة السكَّان والأعيان وأكابر المدينة»[7].

لقد حفلت ولاية عثمان باشا أبو طوق الثانية بالعديد من الاضطرابات، وارتفعت فيها أصوات العامَّة، وتظلُّم الناس، وقد رصد ابن كنَّان الصالحي ذلك في يوميَّاته بشكل دقيق، وهي كالآتي: «في شهر رجب سنة 1135هـ/ 1722م بلغ أنَّ الباشا نهب القرى والريف[8]»، وفي شعبان سنة 1136هـ/ 1723م «صار شوشرة وغوغاء من أهالي الصالحية وسكَّرت البلد وقام العوان على القاضي»[9].

وفي شهر صفر سنة (1136هـ/ 1723م) «حصل للناس مشقَّة عظيمة، خصوصًا الفقراء» [10]، وفي رمضان (1136هـ/ 1723م) «لقي الباشا أبو طوق جماعة من الصالحين»[11]، وفي شوَّال 1136هـ/ 1723م «خنق الباشا جماعة من الأشخاص الذين حاولوا منعه من الظلم وهم الشيخ عبد القادر بن عمر بن تغلب[12]، ....

(1) ابن كنَّان، محمَّد، الحوادث اليومية، ص 348.

(2) القاري، رسلان، الوزراء، ص 77.

(3) بريك، ميخائيل، تاريخ الشام، ص 3.

(4) تطلق كلمة العوانية على الأشخاص الذين كانوا يساعدون أصحاب النفوذ في أعمال الإساءة وابتزاز الأموال وفرض النفوذ، وعُرف المال الذي يجمع بواسطتهم «مال العوان». انظر: بريك، ميخائيل، تاريخ الشام، ص 3. ابن كنَّان، محمَّد، الحوادث اليومية، ص 363-364. Rafiq. The Province of Damascus, p. 79.

(5) رافق، عبد الكريم، بلاد الشام ومصر، ص 223.

(6) ابن كنَّان، محمَّد، الحوادث اليومية، ص 354.

(7) ابن كنَّان، محمَّد، الحوادث اليومية، ص 364.

(8) ابن كنَّان، محمَّد، الحوادث اليومية، ص 353.

(9) ابن كنَّان، محمَّد، الحوادث اليومية، ص 357.

(10) ابن كنَّان، محمَّد، الحوادث اليومية، ص 355.

(11) ابن كنَّان، محمَّد، الحوادث اليومية، ص 358.

(12) عبد القادر بن عمر بن عبد القادر بن أبي تغلب شيخ الطريقة الشاذلية بدمشق (ت 1135-1136هـ/ 1723م). انظر: المرادي، محمَّد خليل، سلك الدرر، ج3، ص 8. ابن كنَّان، محمَّد، الحوادث اليومية، ص 359. مجهول، مجموع اجازات، ق 162ب. الأيوبي، مجموع تراجم، ق 14، ظ. أبو المواهب، عبد الباقي، مشيخة، ص 23، 105. ابن جمعة، محمَّد، الباشات، ص 59.

............ورسلان التغلبي[1]، والشيخ حسن التغلبي[2]، وهم من أصحاب الطريقة الشاذلية»[3]، وفي أواخر شهر ربيع الثانية سنة (1137هـ/ 1724م) «بعد أن سافر عثمان باشا إلى صيدا اجتمع بالأكابر وقاضي الشام[4]، وقامت العوام على العوانية الذين في باب الحاكم فقتلوا جماعة وأودع في السجن جماعة من الصالحين، وشاع عن أبي طوق أنَّه معزول[5]، وبعد هذه الأحوال لم تستقم الأمور بدمشق وبقيت مدَّة أيَّام غير موفَّقة أمورها»[6].

هذه الأحداث والرصد المحليُّ الذي مارسه المؤرِّخون لها، كانت تعكس سيرة مدينة غير منضبطة، وسلطة ظالمة، وعلماء يحاولون ثني الوالي عن سياساته الجائرة، وبانتهاء حكم عثمان باشا أبو طوق كانت دمشق مقبلة على تغيُّرات هامة ستبدأ مع تعيين إسماعيل باشا العظم واليًا عليها في جمادى الثاني سنة 1137هـ/ 1724م[7]، ومن ثمَّ تعاقب عدد من ولاة هذه الأسرة عليها، وعلى المدن المجاورة لها، هذا الحكم لولاية دمشق، سيقود إلى إحداث تغييرات هامَّة ستعمل

---

(1) رسلان بن عبد الرحمن بن علي بن عبد القادر التغلبي (ت 1135-1136هـ/ 1723م). انظر: الأيوبي، محمَّد (مجموع تراجم)، ق 75، ب.

(2) حسن بن علي بن عمر التغلبي (ت 1335-1136هـ/ 1723م). انظر: مجهول، مجموع جازات، ق 23، ظ. الأيُّوبي، محمَّد (مجموع تراجم)، ق 68، ب.

(3) تأسَّست الطريقة الشاذلية في النصف الأوَّل من ق 7هـ/ 13م على يد عبد السلام بن مشيش وسميت بالشاذلية نسبة إلى أبي الحسن الشاذلي وكان مركزها في الجنوب المغربي، وتفرَّعت عنها طرق عدَّة بلغت أربع عشرة طريقة، كان أبرز فروعها بدمشق «الهاشمية» انظر: التفتازاني، أبو الوفاء، مدخل إلى التصوُّف، ص 291. الطويل، توفيق، التصوُّف في مصر، ص 77. البيطار، عبد الرازق، حلية البشر، ج1، ص197. عانوني، أسامة، الحركة الأدبية، ص 179-181. Loust. H. «les Schismes dans l'islam, pp. 285-287; Ziadeh N. «Urban life in Syria under the Early Mamluk pp 81-91, Gibb. H. «Islalm Historical». P. 109.

(4) كان قاضي الشام آنذاك، محمَّد أفندي زاده. ابن كنَّان، محمَّد، الحوادث اليومية، ص 362. مجهول، ذكر دمشق الشام، ق 28 ظ.

(5) ابن كنَّان، محمَّد، الحوادث اليومية، ص 363. بريك، ميخائيل، تاريخ الشام، ص 5. Rafiq. A. The Province of Damascus, pp. 77-85.

(6) بريك، ميخائيل، تاريخ الشام، ص 5. ابن كنَّان، محمَّد، الحوادث اليومية، ص 362، وقد قاد هذه الأحداث في دمشق، مفتيها، محمَّد خليل البكري الصديقي، انظر: المرادي، محمَّد خليل، سلك الدرر، ج4، ص 26.

(7) إسماعيل بن إبراهيم العظم، حكم في معرَّة النعمان أوَّلًا ثمَّ انتقل منها إلى حماة وحمص برتبة الروملي (أي أمير الأمراء)، ثم جاءته رتبة الوزارة، وولي طرابلس، ثم انتقل منها في سنة 1137هـ/ 1725م إلى دمشق فكان أوَّل ولاتها من آل العظم. انظر: القاري، رسلان، الوزراء، ص 77. ابن كنَّان، محمَّد، الحوادث اليومية، ص364. مجهول، ذكر دمشق، ق 31، ب. بريك، ميخائيل، تاريخ الشام، ص 5. العظم، عبد القادر، الأسرة العظمية، ص 25-26.

على نموِّ القوى المحلِّية، وتثبيت الأمن والازدهار الاقتصادي، ونموِّ المبادلات التجارية بين دمشق والأقاليم المجاورة، وتتزايد أعداد الحجَّاج نتيجة لتأمين سلامة القافلة، بالإضافة إلى النموِّ العمراني والنشاط الثقافي والعلمي الذي جاء نتيجة لسياسات ولاة آل العظم طوال فترة حكمهم لدمشق[1].

إنَّ المطالع لليوميَّات الشامية والتواريخ المحلِّية خلال الفترة التي سبقت حكم آل العظم لدمشق يمكنه تكوين فكرة عامَّة عن طبيعة الحكم ومسار الأحداث وحجم القوى المحلِّية الفاعلة وتأثيرها في الأحداث، فقد تقاسمت قوى مختلفة هذه المسألة بشكل سمح لفئات متعدِّدة أن تظهر بشكل فاعل ومباشر، نتيجة لسياسة الولاة وتنامي هذه الفئات، وهي: الوالي ومن يمثِّله أو يقوم مكانه في إدارة المدينة، القضاة، وأهل الفتوى والعلماء، والإنكشارية بقواها من القابي قول واليرلية، والعناصر المحلِّية الأخرى كالتركمان، والعوانية والزربا[2]، والعامَّة، والسكبان[3].

كان شرط الاستمرار في السلطة السياسية في دمشق، وابتداءً من عام 1120هـ/ 1708م تأمين سلامة قافلة الحجِّ الشامي من اعتداءات البدو، التي تكرَّرت خمس مرَّات قبل وصول آل العظم للسلطة في دمشق 1138هـ/ 1725م، وكان أكبرها أثرًا الاعتداء الذي وقع سنة 1134هـ/ 1721م[4]، وبالمقارنة مع إحصاء عبد الكريم رافق للثلاثين سنة الأخيرة من القرن السابع عشر[5]، واستنادًا إلى تقديرات كارل باربير للنصف الأوَّل من القرن الثامن عشر[6]، فإنَّه من الممكن اعتبار الفترة

---

(1) رافق، عبد الكريم، بلاد الشام ومصر، ص 315-330.. Schilcher. L., Families in Politics , pp. 27-36.

(2) مفردها زربة، وهي لفظة يونانية الأصل أطلقت على أشقياء الجند وصارت تدلُّ على العاصي أو من يأخذ رزقه بالقوَّة، وهي تقابل الفتوَّات في مصر، والعيَّارين في بغداد، وقد شكَّلوا في مجموعهم شريحة من الجند الإنكشارية أفرزتهم الأوضاع الاجتماعية والاقتصادية في دمشق، واستخدمهم الباشوات في مواجهة القابي قول والمرتزقة وغيرهم، انظر: البديري. أحمد، حوادث دمشق، ص 5. ابن كنَّان، محمَّد، الحوادث اليومية، ص 57، 78، 166. النجَّار، محمَّد، الشطَّار والعيَّارون، ص 75. نعيسة، يوسف، مجتمع مدينة دمشق، ج1، ص 54. الحمود، نوفان، العسكر في بلاد الشام، ص 65، 185.

(3) يعتبر السكبان من أقدم فرق الجند المرتزقة في بلاد الشام وشكَّلوا فرقة مستقلَّة إلى جانب الإنكشارية، وكانوا يقدِّمون خدماتهم القتالية للباشوات والأمراء وتألَّفوا من عدَّة فرق أطلق على الواحدة منها لفظ أورطة بمعنى فرقة، انظر: رافق، عبد الكريم، مظاهر من الحياة العسكرية، ص 71. جب وبوون، المجتمع الإسلامي، ج1، ص 87. ابن كنَّان، محمَّد، الحوادث اليومية، ص 129، 131، 380. نعيسة، يوسف، مجتمع مدينة دمشق، ج1، ص 244. الزواهرة، تيسير، الحياة الاجتماعية، ص 4.

(4) ابن كنَّان، الحوادث اليومية، ص 332.

(5) رافق، عبد الكريم، بحوث في التاريخ الاقتصادي، ص 190-192.

(6) Barbir. K., Ottoman Rule in Damascus, p. 175.

الممتدَّة من (1120-1137هـ/ 1708-1725م) الأكثر تهديدًا لقافلة الحجِّ الشامي[1]. الأمر الذي سينعكس بدوره على طبيعة الإدارة في الولاية من بعد، والذي اتَّسم بطول فترة الولاة ونموِّ الإدارة المحلِّية في الولاية[2]. وهو ما سمحت به السلطنة العثمانية لباشوات آل العظم.

لقد أظهرت اليوميَّات الشامية، مساهمة عدد من الفئات والقوى المحلِّية لدورها في تشكيل الأحداث وتوجيهها خلال السنوات التي سبقت تولِّي آل العظم للسلطة في دمشق، وهو ما ساهمت به طبيعة السلطة السياسية وتمركزها، والتحوُّلات التي كانت تمرُّ بها السلطة المركزية في اسطنبول، والمدَّة التي يقضيها الولاة في المدينة، الأمر الذي ساهم بإشراك هذه الفئات بشكل مباشر في الأحداث العامَّة، في ظلِّ مجتمع كان منفتحًا على مباهج الحياة الدنيوية ولم تنل الأحداث والتوتُّرات والفوضى من إقباله على الحياة.

قدَّم غياب الوالي ممثِّل السلطان، «ومدبِّر أمور المسلمين[3]، ووليِّ كلِّ أمر»[4]، خارج الولاية لمدَّة تتراوح من 5-6 شهور، من أجل تأمين سلامة الحجَّاج، تبريرًا مشروعًا لتنامي الدور والنفوذ والموقع لمختلف فئات المجتمع وبخاصَّة الفتوات والزعامات المحلِّية، وهذا ما يفسِّر نموَّ هذه الأدوار والتجمُّعات السكَّانية ابتداءً من عام 1120هـ/ 1708م وصاعدًا، فقبل ثلاثة أشهر من الحجِّ يخرج باشا الشام لما يسمَّى «الدورة»[5] ويمكث فيها حوالي الشهرين وبعد أن ينتهي منها يرافق موكب الحجِّ في رحلته لمدَّة تتجاوز الشهرين والنصف، ومثل هذا الغياب عن المدينة كان كفيلًا ببروز أدوار مختلفة تمارسها فئات متعدِّدة في تشكيل الأحداث وصياغتها، ساعد على ذلك عدم ممارسة نوَّاب الوالي «المتسلِّم» لسلطتهم، ودخولهم في تحالفات مختلفة لضرب القوى المحلِّية بعضها ببعض، وقد شجع هذا الوضع المنازعات المحلِّية والصراع على النفوذ وعانت دمشق من ذلك الشيء الكثير[6].

---

(1) انظر ملحق الاعتداءات على قافلة الحجِّ.

(2) ريمون، أندريه، الولايات العربية، ج2، ص65. رافق، عبد الكريم، بحوث في التاريخ الاقتصادي، ص 114.

(3) سجل 106، حجه 112، ص 72، 14 جمادى الأولى، 1138هـ/ 1725م. سجل 72، حجة 179، ص 134، 15 صفر 1147هـ/ 1735م.

(4) ابن كنَّان، محمَّد، الحوادث اليومية، ص 354.

(5) يخرج والي الشام قبل ثلاثة أشهر للدورة، وله موكب خاص يتمُّ ترتيبه ويُعين المشاركون فيه، وتجتمع له العساكر، وهي بصورة جولة تفتيشية الهدف منها جمع المال والضرائب اللازمة لتغطية نفقات الحجَّاج، وتأكيد سلطة الدولة في المناطق التي ستمرُّ منها القافلة، انظر: عماد عبد الغني، السلطة في بلاد الشام، ص 65. ابن كنَّان، محمَّد، المواكب الإسلامية، ج2، ص 345-349. ابن كنَّان، الحوادث اليومية، ص 155-158. البديري، أحمد، حوادث دمشق، ص 75. Rafeq, A. The Province of Damascus, p. 21.

(6) رافق، عبد الكريم، بلاد الشام ومصر، ص231.

وهو ما أدَّى في النهاية إلى حركة العامَّة في ربيع الثاني 1137هـ/ 1725م بقيادة مفتي دمشق وكبار علمائها، الأمر الذي لم يكن بإمكان الباب العالي تجاهله، ليستقرَّ الوضع في النهاية على عزل والي دمشق، عثمان باشا أبو طوق، وتعيين باشا الجردة[1] والي صيدا إسماعيل العظم النعماني[2].

في هذا السياق، يبدو من المهمِّ الانتباه لأنَّ طبيعة توزُّع السلطة السياسية في دمشق قبل آل العظم، والتنافس على الأدوار، والصراع على النفوذ، ترك أثره المباشر على سياسة باشوات آل العظم تجاه هذه القوى، لذا فإنَّهم سيدخلون في علاقات وتحالفات متعدِّدة مع مختلف الفئات ما سيسمح لهم بالاستمرار بشكل أكثر استقرارًا وأمنًا وتوازنًا في الإدارة المحلِّية، وبالتالي تحقيق رغبة الباب العالي في تأكيد النفوذ وحماية الحجَّاج المسلمين وتأمين قافلتهم، وهو الأمر الذي اعتبره السلطان من واجباته المباشرة.

آل العظم في دمشق

تبرِّر الحالة التي عاشتها دمشق، قبيل وصول آل العظم إليها، طبيعة الإدارة والحكم التي ستتشكَّل فيها فيما بعد. ويرى أندريه ريمون «أنَّه في مواجهة تطوُّر عام للولايات العربية نحو استقلال شديد أيًّا كان الشكل الذي اتَّخذه الباب العالي في سياسته المرنة نسبيًا في مواجهة تمرُّد الحكَّام وانعدام الأمن، فإنَّ الحكَّام سوف يستسلمون لتطوُّر لا شكَّ في أنَّه حتمي، شريطة

---

(1) إلى جانب أمير الحجِّ، وُجد أمير الجردة الذي عُرف بلقب باشا الجردة «وجردجي» أو أمير الملاقاة، ومهمَّة الجردة في الأساس الخروج لملاقاة القافلة في طريق عودتها وتزويدها بالمؤن التي تنقصها وقد كان أمير الجردة يُعيَّن من الأمراء المحليين، ثم الإنكشارية وكبار الموظفين، «خلال القرن 18 كان أمير الجردة إمَّا والي حلب أو صيدا أو طرابلس. وتقدَّر فترة غياب باشا الجردة من ولايته بشهرين ونصف، انظر: ابن كنَّان، محمَّد، الحوادث اليومية، ص 104؛ عماد، عبد الغني، السلطة في بلاد الشام، ص165؛ رافق، عبد الكريم، قافلة الحج، ص 10.

(2) ابن جمعة؛ محمَّد، الباشات والقضاة، ص 59–60؛ ابن كنَّان، محمَّد، الحوادث اليومية، ص 364؛ البديري، أحمد، حوادث دمشق، ص. ص 11، 32.

Rafiq. A. The Province of Damascus, p. 77; Volney. J. F. Travels Through Egypt and Syria, Vol., 1, pp. 243, 245, 278; Barbir. K., Ottoman Rule in Damascus, pp. 50-59.

الوفاء بالمهمَّات الرئيسية للإمبراطورية وبخاصَّة ضبط الأمن الداخلي»[1]. ويؤكِّد كارل باربير ذلك، على أساس أنَّ الدولة العثمانية قصدت من تعيين ولاة آل العظم إحداث شيء من إعادة التنظيم في دمشق، إذ وجدت الدولة العثمانية فيهم الصفات والمميِّزات التي تحتاجها لإعادة تنظيم الولاية واستجماع هيبة الدولة[2].

وتُسند ليندا شيلشير Linda Schilcher السبب الذي حدا بالعثمانيين إلى تعيين ولاة من آل العظم في دمشق إلى طبيعة النظام المركزي العثماني، الذي شهد ابتداءً من النصف الأوَّل للقرن الثامن عشر نوعًا من إعادة الحيوية، ما أعاد الدولة العثمانية إلى ما كانت عليه من القوَّة والهيبة خلال القرن السادس عشر، ثم إنَّ العثمانيين هم الذين ساعدوا أسرة العظم من ناحية اقتصادية، حتَّى أمكن استخدامها كقاعدة محلِّية في دمشق والإقليم، لحركة النهضة العثمانية إبَّان تلك الفترة[3].

بداية أسرة آل العظم، كانت في معرَّة النعمان[4] كأسرة محلِّية[5]، ابتداءً من النصف الأوَّل للقرن الحادي عشر الهجري/ السابع عشر الميلادي، حيث قدم الجدُّ الأكبر إبراهيم العظم وعمل كجنديٍّ حوالي (1061هـ/ 1650م)[6]، ثمَّ زادت أهمِّيته مع ظهوره كزعيم محلِّي في منطقة المعرَّة في الأجزاء الشمالية من حماة[7]. وأدَّى دورًا هامًّا في المجال التجاري[8].

أمَّا عن أصل الأسرة[9] فالثابت أنَّها قدِمت إلى المعرَّة خلال النصف الأوَّل من القرن 17م/ 11هـ، آنذاك تمكَّن جدُّهم إبراهيم العظم من إعادة تنظيم منطقته[10]. وبتقديم خدماته للدولة

---

(1) ريمون، أندريه، الولايات العربية، ج2، ص 635.

(2) Barbir. K., Ottoman Rule in Damascus, p. 195

(3) Sehilecher. L., Families in Politics, p 30.

(4) المعرَّة: الشدَّة، والمعرَّة كوكب بالسماء. والمعرة تكون الوجه من الغضب، ويقال: أرض معرة قليلة النبات. ويرى المؤرِّخون البلدانيون أنَّها سمِّيت بذلك نسبة إلى النعمان بن بشير الأنصاري (ت 65هـ/ 684م) كان واليًا على حمص فاختار المعرَّة فمات له ولد فيها فدفنه فأقام أيَّامًا، فسمِّيت به. انظر: الحموي، معجم البلدان، ج5، ص 182. البلاذري، فتوح البلدان، ص 130. الجندي، محمَّد، تاريخ معرة النعمان، ج1، ص 25-37.

(5) عبد الرحيم، عبد الرحيم، تاريخ العرب الحديث، ص 139.

(6) ريمون، أندريه، الولايات العربية، ج2، ص 584. محروقة، أحمد، أسعد باشا العظم، ص 8-9.

(7) Schilecher. L., Families in Politics, p 29-30.

(8) خوري، فليب، طبيعة السلطة، ص 446.

(9) لمناقشة الآراء حول أسرة آل العظم، انظر: العظم، عبد القادر، الأسرة العظمية، ص 8-28.

(10) الحصني، تقي الدين، منتخبات التواريخ، ج2، ص 846. خوري، فليب، طبيعة السلطة، ص 446.

حصل على بعض النفوذ الذي أتاح لأولاده من بعده (سليمان، إسماعيل، موسى، محمد) من أن يمدُّوا نفوذهم خارج منطقة المعرَّة، بفضل التزامهم للضرائب وحصولهم على «المالكانات»[1] في حماة وحمص والمعرَّة[2].

بعد وفاة إبراهيم العظم[3]، أصبح ابنه إسماعيل حاكمًا على المعرَّة وحماة[4]، وبوساطة من والـي حلب أعطي إسماعيل العظم، رتبة طوخين[5]، وفي أوائل العشرينات من القرن 12هـ/ 18م نجح إسماعيل بن إبراهيم العظم بالحصول على رتبة «الباشوية» وتولَّى ولاية طرابلس[6]، ثم أصبح باشا الجردة[7]، وبعد عودته منها سنة 1137-1138هـ/ 1725م، عُيِّن واليًا على دمشق بعد عزل عثمان باشا أبو طوق[8].

تزامن وصول إسماعيل العظم لدمشق مع نجاح الأعيان من العلماء وبقيادة مفتي الشام خليل البكري[9]، بقيادة مواجهة واسعة، والتفَّ حولهم العامَّة فيها ضدَّ الوالي

---

(1) تعتبر المالكانة، برأي عبد العزيز الدوري، من المراحل المتأخِّرة في إعطاء الأراضي السلطانية العثمانية، بحيث كانت المالكانة تعطى طيلة الحياة للملتزم. الدوري، عبد العزيز، مقدمة في التاريخ الاقتصادي، ص 114-116. رافق، عبد الكريم، بلاد الشام ومصر، ص 69.

(2) عماد، عبد الغني، السلطة في بلاد الشام، ص 69. خوري، فليب، طبيعة السلطة، ص 446.

(3) توفي إبراهيم العظم في أحد حروبه مع التركمان الذين كانوا يردون إلى المعرة في الشتاء، انظر: الطباع، راغب، أعلام النبلاء، ج6، ص 481، ج3، ص 316. كرد علي، محمَّد، خطط الشام، ج2، ص 289. العظم، عبد القادر، الأسرة العظمية، ص 25.

(4) رافق، عبد الكريم، بلاد الشام ومصر، ص 316. العظم، عبد القادر، الأسرة العظمية، ص 26.

(5) كانت الإشارة التي تميِّز بك البكوات عن السنجق هي عدد الأطواغ، وكان يعلق أمام راية بك البكوات ذنبا حصان أي طوغان، أما السنجق بك فيعلق طوغ واحد على سارية علمه، وهو شعار تركي قديم. انظر: جب وبوْون، المجتمع الإسلامي، ج1، ص 167. رافق، عبد الكريم، بلاد الشام ومصر، ص 81. دفحد، علي أكبر، لغة نامه، جلد نهم، ص 13715.

(6) عماد، عبد الغني، السلطة في بلاد الشام، ص 69. رافق، عبد الكريم، بلاد الشام ومصر، ص 316.

(7) أوَّل ذكر لإسماعيل باشا العظم، عند ابن كنَّان جاء في أوائل شهر ذي القعدة سنة 1137-1138هـ/ 1725م) وفي آخره دخل باشا الجردة إسماعيل باشا الشهير بابن العظم النعماني، ص 36. العظم، عبد القادر، الأسرة العظمية، ص 26.

(8) القاري، رسلان، الوزراء، ص 77، مجهول، ذكر دمشق الشام، ق 30ظ؛ ابن كنَّان، محمَّد، الحوادث اليومية، ص 364.

(9) خليل بن أسعد بن أحمد بن كمال الدين الصديقي الدمشقي نزيل القسطنطينية، المفتي، قاضي القضاة، توفِّي بالقسطنطينية عام (1173هـ/ 1759م). انظر: المرادي، محمَّد خليل، سلك الدرر، ج2، ص 82-96. مجهول، ذكر دمشق الشام، ق 29ب. الأيُّوبي، محمَّد، مجموع تراجم، ق 229، ب. أبو السعود، الحسيبي، حادثة الستين، ص 41، ب. الغزي، نجم الدين، لطائف المنه، ق 35-36ب. ظ.

وأعوانه[1]، ونجحوا في قتل الوالي وأعوانه[2]، وحسب قول ابن جمعة المقار: «قام سادتنا وموالينا ... وقبضوا على العوانية، فمنهم من قُتل ومنهم من صُلب، وتمَّ ذلك برئاسة قطب السادة البكرية»[3] وما استقامت الأمور وهدأت إلاَّ عندما توجَّهت وزارة دمشق على إسماعيل باشا العظم[4].

هذه الحادثة ستؤسِّس في مراحل لاحقة لقوَّة رجال الدين والصوفية وستحضر في حالات عدَّة من المواجهات في الأحداث العامَّة. لقد انعكست هذه الظروف على سياسة ولاة آل العظم فيما بعد، وعلاقاتهم مع العلماء حيث دخلوا معهم في علاقات أسرية وتحالفات تجارية[5]. وفي هذا الاتجاه، قام إسماعيل باشا العظم بإعادة العلماء، الذين نفاهم عثمان باشا أبو طوق[6]، واهتمَّ بإنشاء مدرسة وجامع في سوق الخيَّاطين[7]، ورحَّب إسماعيل باشا كذلك بشريف مكَّة المعزول آنذاك الشريف يحيى[8]، الذي أساء عثمان باشا أبو طوق معاملته[9]، إضافة لذلك فقد

---

(1) بريك، ميخائيل، تاريخ الشام، ص 3 ب. القاري، رسلان، الوزراء، ص 77، ابن كنَّان؛ محمَّد، الحوادث اليومية، ص 363. شيلشير، ليندا، بعض مظاهر، ص 338.

(2) ابن كنَّان، محمَّد، الحوادث اليومية، ص 364. المرادي، محمَّد خليل، سلك الدرر، ج2، ص 83-84.

(3) ابن جمعة، محمَّد، الباشات والقضاة، ص 60. بريك، ميخائيل، تاريخ الشام، ص 5. ابن كنَّان، الحوادث اليومية، ص 363-365.

(4) بريك، ميخائيل، تاريخ الشام، ص5. المرادي، محمَّد خليل، سلك الدرر، ج2، ص 84.

(5) شليشير، ليندا، بعض مظاهر، ص 338، وثيقة 74/ ب، 16 صفر 1172هـ/ 1758م، وثيقة 63/ ب، 1163هـ/ 1749م.

(6) المرادي، محمَّد خليل، سلك الدرر، ج2، ص 53، 281، رافق، عبد الكريم، بلاد الشام ومصر، ص 317. شليشير، ليندا، بعض مظاهر، ص 338.

(7) المرادي، محمَّد خليل، سلك الدرر، ج3، ص 93، ج4، ص 154. ابن كنَّان، محمَّد، الحوادث اليومية، ص 388. المرادي، محمَّد خليل، مطمح الواحد، ق 194، ب، ويمتد سوق الخياطين جنوبًا إلى سوق مدحت باشا وقد عرف في العهد المملوكي بسوق الخوَّاصين وأوَّل من ذكره بهذا الاسم نعمان القساطلي الذي ذكر أنَّ فيه الأجواخ والمنسوجات، وكان يضمُّ ثلاثة أقسام وفيه المدرسة النورية الكبرى، ومسجد ومدرسة إسماعيل باشا العظم. انظر: قساطلي، نعمان، الروضة الغناء، ص 98. الحصني، تقي الدين، منتجات التواريخ، ج3، ص 1114. الشهابي، قتيبة، أسواق دمشق، 178-179. البديري، أحمد، حوادث دمشق، ص 133، 141.

(8) تولَّى الشريف يحيى بن بركات الشرافة للمرَّة الأولى سنة 1130هـ/ 1717م، فأفاض عليه الوزير رجب باشا خلعة الشرافة... وكان ذلك يوم السادس من ذي الحجَّة سنة 1130، واستمرَّ فيها مدَّة سنة وسبعة أشهر، وهذه ولايته الأولى وكانت الثانية في السادس من ذي الحجَّة سنة أربع وثلاثين ومائة وألف. انظر: دحلان، أحمد، أمراء البلد الحرام، ص 217، 221. دحلان، احمد بن زيني، خلاصة الكلام في بيان أمراء البلد الحرام، ص 175.

(9) ابن كنَّان، محمَّد، الحوادث اليومية، ص 369.

أمن إسماعيل باشا لنفسه علاقة جيِّدة مع نقابة الأشراف من خلال زواجه من ابنة سعيد البكري فحفظ بذلك لأولاده وأسرته صلة بالأشراف[1].

من الناحية الإدارية، يرى عبد الكريم رافق أنَّ إسماعيل العظم اتَّبع سياسة اتَّصفت بالمقدرة على الموازنة في العلاقات بين القوى المحلِّية بمختلف فئاتها لإيجاد الاستقرار الذي يحتاجه، فاعترف بنفوذ أسرة طوقان في منطقة نابلس، ليوازن بينها وبين القوى المجاورة ووقف الشيخ جبر على البلاد الحورانية، وراشد النعيم على البلاد الجبلية (صفد)[2] ولم يلبث أن نفى الشيخ جبر إلى الخليل وأقام مكانه ظاهر بن كليب شيخ عرب السردية في حوران.

أمَّا مجتمع المدينة، فقد شهد نوعًا من الاستقرار وانعدام الفوضى والاضطراب، وحجَّ الناس طوال مدَّة حكمه (1138-1144هـ/ 1725-1731م) دونما اعتداء أو تهديد، ولكنَّ قوى اليرلية والقابي قول، وصراعاتهم هي التي «أشاعت الفسق والفجور»[3] واضطربت المدينة واستعادت اليرلية نفوذها[4]. ومرَّة أخرى تسبَّبت اضطرابات وصراعات العسكر في دمشق في عزل الوالي: إذ إنَّ نزول قوَّات القابي قول إلى الجامع الأموي واجتماع الأشراف وذهابهم إلى قاضي دمشق، وملاحقة العسكر لهم، وضربهم الأشراف بالرصاص[5] والذي تزامن مع الاعتداء على قافلة الحجِّ في الحجاز وتغيير الباشا لطريقه في العودة، ومكاتبة شريف مكَّة وأهل المدينة الدولة العليا بهذا الشأن، ما أدَّى إلى عزل إسماعيل باشا العظم، وحبسه في قلعة دمشق ومصادرة أمواله[6].

استقام اسماعيل العظم وزيرًا على دمشق مدَّة ستِّ سنين، وكان حكمه يُوصف بأنَّه «عادل غير ظالم غير جزَّار»[7] لين العريكة، وحكمه رُخص، ولكنَّه خزَّن القوت عن المسلمين[8]، فقلَّت

---

(1) شلشير، ليندا، بعض مظاهر، ص 338. عماد، عبد الغني، السلطة في بلاد الشام، ص 8.

(2) ابن كنَّان، محمَّد، الحوادث اليومية، ص 138.

(3) ابن كنَّان، محمَّد، الحوادث اليومية، ص: 391، 411.

(4) عماد، عبد الغني، السلطة في بلاد الشام، ص 81. Koury. G., The Province of Damascus, p. 31.

(5) ابن كنَّان، محمَّد، الحوادث اليومية، ص 412.

(6) ابن كنَّان، محمَّد، الحوادث اليومية، ص 413. الطبَّاخ، أحمد، أعلام النبلاء، ج6، ص 481. كرد علي محمَّد، خطط الشام، ج2، ص 289. العظم، عبد القادر، الأسرة العظمية، ص 26. محروقة، أحمد، أسعد باشا العظم، ص 9.

(7) بريك، ميخائيل، تاريخ الشام، ص 7.

(8) القاري، رسلان، الوزراء، ص 77.

الحنطة و«تفرعنت المغاربة في دمشق»[1]، هذا الوصف الذي تقدِّمه المصادر يؤكِّد التباس الصورة بحقِّ الوالي الأوَّل من آل العظم في دمشق، لكنَّه يؤكِّد جمعه بين التجارة والولاية وممارسة سياسة الاحتكار من أجل الثروة، وهو فعل تعدَّى الولاة إلى العلماء ورجال الدين الذين مارسوه أيضًا.

خلف إسماعيل العظم، عبد الله باشا الأيدنلي «الأيضنلي» (144-1146هـ/ 1731-1734م)[2]، «وكان حاكمًا مرهبًا وعادلًا وقاتولًا»[3]، ووصف بأنَّه «رجل مهام عمَّر طريق الحاج وقلعة المدورة[4] وصلَّح طريق الحاج، وكان يحبُّ العلماء ويجلِّهم ويحبُّ المشايخ[5] وثبَّت الأمن وبسط يده على سائر البلاد[6] وفي عهده كانت «حركة بيع وشراء وسبب للجميع»، والحُكم عادل ولا أحد تطاول على أحد فحكم ثلاث سنين وعُزل[7]. وخلال ولاية إسماعيل باشا العظم على دمشق، كان سليمان باشا العظم واليًا على طرابلس، وقد انتقل إليها من صيدا، وعين جردويًا «أمير الجردة» لأخيه الوزير إسماعيل العظم[8]. وفي هذا السياق يجب فهم حركة التنقَّلات التي تعرَّض لها ولاة الدولة العثمانية على أساس أنَّها جزء من حركة تغيُّر واسعة، كانت نتيجة لتطوُّر الأحداث في العاصمة العثمانية، اسطنبول، حيث كانت تشهد آنذاك ثورة الإنكشارية على السلطان العثماني بتاريخ 15 ربيع الأوَّل 1143هـ/ 15 أيلول 1730م بقيادة خليل باترونا Patrona Halil[9]، ونتج عن هذه الحركة قتل كاخيا أو كتخدا الصدر الأعظم، ثم تقليص دور خليل أفندي وكيل آل العظم، فتغيَّرت مراكز حكم الكثير من الولاة[10].

---

(1) بريك، ميخائيل، تاريخ الشام، ص 7.

(2) القاري، رسلان، الوزراء، ص 78. ابن كنَّان، محمَّد، الحوادث اليومية، ص 427. مجهول، ذكر دمشق الشام، ق 31، ظ. بريك، ميخائيل، تاريخ الشام، ص 7.

(3) بريك، ميخيائيل، تاريخ الشام، ص 7.

(4) أحد منازل الحجِّ الشامي تبعد عن دمشق مسافة 28 ساعة سيرًا أي ما يعادل 573 كيلو متر، وكانت تعرف بـ جغيمان. ابن كنَّان، محمَّد، المواكب الإسلامية، ج2، ص 353. ابن كنَّان، الحوادث اليومية، ص 526.

(5) القاري، رسلان، الوزراء، ص 78. ابن كنَّان، محمَّد، الحوادث اليومية، ص 146.

(6) بريك، ميخائيل، تاريخ الشام، ص 8.

(7) بريك، ميخائيل، تاريخ الشام، ص 8-9.

(8) القاري، رسلان، الوزراء، ص 65، 68. ابن كنَّان، محمَّد، الحوادث اليومية، ص 339. رافق، عبد الكريم، بلاد الشام ومصر، ص 318. العظم، عبد القادر، الأسرة العظمية، ص 21.

(9) المحامي، محمَّد فريد، تاريخ الدولة العلية، 1981. Yücel. Y. Sevim. A., Turkiye Tarihi, Cilt. 3, S. 291.

(10) Hakki. I. Osmanli Tarihi. Iv. Cilt 1, Bölüme, 4, Baski. S. 214-215. وتشير المصادر التركية المعاصرة إلى أن أغلب الإنكشارية المشاركين بهذه الثورة هم من الأرناؤوط الموجودين في صفوف الإنكشارية.

كان ولاة آل العظم من المتأثِّرين بحركة التغيُّرات التي حدثت في اسطنبول بشكل مباشر[1]، ولكنَّ القضاء على أنصار حركة خليل باترونا في رمضان 1143هـ/ مارس[2] 1731 هيَّأهم للعودة من جديد، مع استعادة وكيلهم خليل أفندي لنفوذه، ودعمه لهم ورعاية مصالحهم[3]، فاستعادوا مكانتهم من جديد في الإدارة العثمانية[4].

عُيِّن سليمان باشا العظم على دمشق، بعد عزل عبد الله باشا الأيضلني، وكان دخوله يوم الثامن من شعبان 1146هـ/ 1733م[5]، وإذا كان إسماعيل باشا قد توجَّه لإقامة علاقة مع عائلة البكري، فإنَّ سليمان أقام صلاته مع أسرة الكيلاني[6] وتزوَّج امرأته الأولى منها، ثم تزوَّج الثانية وكانت ابنة الشيخ ياسين القادري، وكان من كبار الأغنياء بدمشق[7]، وتحالف مع أسرة المرادي، مؤسِّسي الطريقة النقشبندية في دمشق، وأنشأ ديوانًا للأعيان المحلِّيين برئاسة المفتي الحنفي علي المرادي[8]، وكان صاحب نفوذ وشهرة واسعة[9].

أسهم هذا التوجُّه في المجال الاجتماعي، والذي يُقصد منه بناء تحالفات محلِّية، في توطيد نفوذ سليمان العظم خلال ولايته الأولى وتشكيل قاعدة اجتماعية سيستند إليها خلال ولايته الثانية، أمَّا إسهامه في المجال العمراني فكان من خلال إنشائه لمدرسة حملت اسمه بجانب دار حريمة[10] وبتعميره للسرايا الخاصَّة به[11].

---

(1) رافق، عبد الكريم، بلاد الشام ومصر، ص 319؛ عماد، عبد الغني، السلطة في بلاد الشام، ص 81.

(2) رافق؛ عبد الكريم، العرب والعثمانيون، ص 242.

Hakki. I. Osmanli Tarihi. IV. Cilt 1, Bölüme, 4, Baski. S. 721.

(3) رافق، عبد الكريم، العرب والعثمانيون، ص 242.

(4) Sehilecher. L., Families in Politics, p. 30.

(5) ابن كنَّان، محمَّد، الحوادث اليومية، ص 440؛ القاري، رسلان، الوزراء، ص 78؛ مجهول، ذكر دمشق الشام، ق 31، ظ؛ بريك، ميخائيل، تاريخ الشام، ص 8، ويذكر القاري أن دخوله كان يوم التاسع من شعبان.

(6) المرادي؛ محمَّد خليل، سلك الدرر، ج3، ص 47.

Sehilecher. L., Families in Politics, pp. 30.

(7) البديري، أحمد، حوادث دمشق، ص 59.

(8) المرادي، محمَّد خليل، سلك الدرر، ج3، ص 229.

(9) شليشر، ليندا، بعض مظاهر، ص339.

(10) ابن كنَّان، محمَّد، الحوادث اليومية، ص 500.

(11) بريك، ميخائيل، تاريخ الشام، ص 9. العظم، عبد القادر، الأسرة العظمية، ص 28.

واستطاع إخضاع الإنكشارية وطوائف العسكر والزرباوات وطارد أشقياءَهم[1] واستمرَّ على هذه السياسة حتَّى ربيع ثاني 1151هـ/ 1738م حيث كان عزله بعد عودته من الحجِّ[2] وبذلك تكون ولايته الأولى انتهت على دمشق وأقام بها خمس سنوات (1145-1149هـ/ 1733-1738م)، وبعدها انتقل إلى ولاية مصر[3]، ووجِّهت دمشق وما والاها لحسين باشا بستنجي[4].

في عهد حسين باشا بستنجي والذي استمرَّ ما يقارب ثمانية أشهر، عاشت دمشق حالة من عدم الاستقرار واستتباب الأمن، إذ بدأ حكمه في مواجهة قوى الإنشكارية بمختلف فئاتها، واتَّسم حكمه بالشدَّة، وأخذ يجتهد بتحصيل المال والضرائب، «وجاء على العال وعلى الدون حتَّى إلى العلماء والأكابر والفقراء»[5] وتدخَّل لغير صالح المتصوِّفة وكان رجلًا من الخوارج وأراد أن يظلم فما قدر[6].

إزاء ذلك، فإنَّ الاستمرار بهذه السياسة من جانب حسين باشا، جلبت عليه استياء مختلف فئات المجتمع، فتتوحَّد هذه المرَّة قوى الإنكشارية اليرلية والقابي قول وتتحرَّك ضدَّه في الخامس والعشرين من ربيع الأول 1152هـ/ 1739م «يومها سكرت دمشق ... ودام القتال بينه وبين أهل البلد مدَّة»[7]، حتَّى أجبروه على الخروج، وطردوه هو وجماعته[8] ونقم أهل دمشق على المغاربة الموجودين وطردوهم لاستخدام حسين باشا لهم[9].

---

(1) بريك، ميخائيل، تاريخ الشام، ص 9. ابن كنَّان، محمَّد، الحوادث اليومية، ص 469، ص 472. البديري، أحمد، حوادث دمشق، ص 18-19.

(2) القاري؛ رسلان، الوزراء، ص 78. ابن كنَّان، محمَّد، الحوادث اليومية، ص 499. العظم، عبد القادر، الأسرة العظمية، ص 28.

(3) الجبرتي، عبد الرحمن، عجائب الأثار، ج1، ص.ص: 155-156.

(4) بريك، ميخائيل، تاريخ الشام، ص 9؛ القاري، رسلان، الوزراء، ص 77؛ مجهول، ذكر دمشق الشام، ص 3ب؛ الشهابي، حيدر، الغرر الحسان، ج1، ص30؛ ابن كنَّان؛ محمَّد، الحوادث اليومية، ص 499.

(5) بريك، ميخائيل، تاريخ الشام، ص 10.

(6) القاري، رسلان، الوزراء، ص 78.

(7) ابن كنَّان، محمَّد، الحوادث اليومية، ص 59؛ القاري، رسلان، الوزراء، ص 78؛ ابن جمعة؛ محمَّد، الباشات والقضاة، ص 66.

(8) ابن كنَّان، محمَّد، الحوادث اليومية، ص 511؛ ويذكر ابن جمعة المقار أحداث هذه الحوادث بشكل مفصل؛ ابن جمعة؛ محمَّد، الباشات والقضاة، ص 66.

(9) يعود الوجود المغربي في دمشق إلى العصر المملوكي، حيث قدموا كمجاورين وكانوا من أقاليم ومدن المغرب المختلفة فمنهم الفاسيون، والجزائريون، والسوسيون، وقد عمل قسم منهم حرسًا على الخانات والمحاكم والحارات والقيساريات، وكان لكل فئة منهم شيخ، وشاركوا في الأحداث العامة بدمشق واستخدمهم الولاة لفرض =

أدّت تلك المواجهة إلى، عزل حسين باشا في جمادى الثاني 1152هـ/ 1739م[1] وترسيخ قوّة اليرلية المحلّية والقابي قول في مواجهة أعمال حسين باشا، ذلك أنَّ تحصيله للضرائب والأموال، أضرَّ بمصالح الجند القابي قول، التي كان لها منافع اقتصادية في المدينة فاتّحدت مع اليرلية في مواجهته، وهذا ما يبرّر انخراط عدد كبير من القابي قول مع فئات المجتمع المختلفة وخاصّة التجّار، في مواجهة سياسات الوالي التي عُدّت غير عادلة.

نتيجة لسياسة حسين باشا البستنجي، تمَّ تعيين عثمان باشا المحصل واليًا على دمشق سنة 1152هـ/ 1739م[2]، «وابتهج الناس بمفارقة ذلك ...»[3] «بعد مقاساتهم الخوف والشدّة والفزع أيّام حسين باشا»[4]، وكان لا بدَّ للظروف التي عاشتها دمشق زمن الوالي حسين البستنجي أن تنعكس على الأوضاع العامّة في ولاية عثمان باشا المحصل، وبدا أنَّ الاستمرار في التوفيق بين قوّتي الإنكشارية المتصارعتين اليرلية والقابي قول غير ممكن بسبب اختلاف المصالح والصراع المستمرّ، فكانت الفتنة بينهما في محرّم 1153هـ/ 1740م[5]، وزاد الأمر صعوبة بوصول فرقتين من القابي قول لدمشق[6] إذ عدَّ اليرلية ذلك الوصول تهديدًا لمصالحهم وأيّدهم العلماء، وصدر أمر بطرد الجند القابي قول من دمشق في ربيع الثاني 1153هـ/ تموز 1740م[7]، «فالذي

= سلطانهم وخضعوا لآغا المغاربة وتركز قسم منهم في حي الميدان، ولهم مسجد في وزاوية خاصّة بهم. انظر: سجل 126، حجة 11، ص 11، 1 محرم 1163هـ/ 1749م؛ سجل 125، حجة 155، ص 84، محرم 1163هـ/ 1749؛ سجل 125، حجة 753، ص 293، 13 ذي الحجة 1164هـ/ 1750م؛ سجل 124، حجة 218، ص 120؛ 16 ربيع الثاني، 1162هـ/ 1748م؛ سجل 147، حجة 32، ص 70، 3 جمادى الأخرة 1167هـ/ 1753م؛ سجل 150 حجة 38، ص 19، 15 جمادى الأخرة 1170هـ/ 1756م، سجل 60، حجة 586، ص285، 19 ذي الحجة 1139هـ/ 1726م؛ سجل 61، حجة 104، ص 47، 19 شوال 1139هـ/ 1726م؛ سجل 62، حجة 760، ص 297، 3 جمادى الأخرة 1143هـ/ 1730م، سجل 36، حجة 72، ص 42، 11 جمادى الأولى 1130هـ/ 1717م؛ رافق؛ عبد الكريم، دراسات تاريخية، ع1، 78؛
Barkhardt, J. Travels, p. 29; Marino B. Le Faubourg Du Medan Damas, pp. 253, 310.

(1) ابن كنّان، محمّد، الحوادث اليومية، ص 512.

(2) بريك، مخائيل، تاريخ الشام، ص 10؛ ابن جمعة، محمّد، الباشات والقضاة، ص 68. مجهول، ذكر دمشق الشام، ق 31، ظ.

(3) ابن كنّان، محمّد، الحوادث اليومية، ص 513.

(4) ابن كنّان، محمّد، الحوادث اليومية، ص 512.

(5) مجهول، ذكر دمشق الشام،، ق 23. الصيداوي، محمّد، الكشف والبيان، ق -51ب.

(6) رافق، عبد الكريم، العرب والعثمانيون، ص 251.

(7) القاري، رسلان، الوزراء، ص 78؛ ابن جمعة؛ محمّد، الباشات والقضاة، ص 68. ابن كنّان، محمّد، الحوادث اليومية، ص 519. رافق، العرب والعثمانيون، ص 251. Koury. G., The Province of Damascus, pp: 21-33.

خرج له ذلك والذي لم يكن له خاطر رفعوا عنه رتبته وصار رعيَّة»[1].

وبذلك أكَّدت هذه الأحداث أنَّ استقرار المدينة، وانعدام قيام الفتن والاضطرابات، عامل حاسم في استقرار الحكم أو الولاية لأيِّ سلطة في دمشق، وظهر أنَّ العسكر شكَّلوا عاملًا حاسمًا في هذه الاستمرارية وبقاء الوالي، وفي ترسيخ وجود السلطة التي حكمت دمشق، وإذا كان محمد بن كنَّان الصالحي لم يُشر إلى عزل عثمان باشا المحصل[2]، فإنَّ ميخائيل بريك الدمشقي أشار إلى أنّ العزل كان أثناء حوادث ربيع الثاني سنة 1153هـ/ 1740م ومواجهات العسكر فيما بينهم. و«في أثنائها عُزل عن الشام»[3]. وخلفه على الشام علي باشا بن عبدي[4] ولم يطل في الولاية فما لبث أن عاد من الحجِّ في محرم 1153هـ/ 1740م، «وأقام مدَّة والناس في أمن ثمَّ عُزل[5] وكان كريم اليد وعادلًا»[6].

عُزل علي باشا عبدي عن دمشق في محرم 1153هـ/ 1740م، وأعيد سليمان باشا العظم إلى ولاية دمشق مرَّة ثانية، وكان عائدًا إليها من مصر[7]، ويبدو أنَّه أراد افتتاح عهده بإظهار هيبته وقوَّته فبعد ثلاثة أيَّام من دخوله «صَلب ثلاثة من أشقياء العرب»[8]، وفي السنة الثانية من ولايته 1155هـ/ 1742م «عمل ديوانًا وجمع الأفندية والآغاوات وأخرج خطًّا شريفًا بالعدل والتفتيش عن المفسدين»[9].

---

(1) بريك، مخائيل، تاريخ الشام، ص 10؛ ابن كنَّان؛ محمَّد، الحوادث اليومية، ص 19، هذا ويشير ميخائيل بريك أنَّه كان هناك دور لفتحي الدفتري في إصدار الأمر بطرد القابي قول.

(2) ابن كنَّان، محمَّد، الحوادث اليومية، ص 52.

(3) بريك، مخائيل، تاريخ الشام، ص 10.

(4) البديري، أحمد، حوادث دمشق، ص 4؛ ابن جمعة، محمَّد، الباشات والقضاة، ص 68؛ القاري؛ رسلان، الوزراء، ص 78؛ الشهابي؛ حيدر، الغرر الحسان، ج1، ص 31؛ مجهول، ذكر دمشق الشام، ق 23ب، حكم علي عبدي باشا قبل ذلك في بلغراد، ونقل منها إلى دمشق وكانت مدة ولايته ثمانية أشهر ثم عزل. انظر: البديري، أحمد، حوادث دمشق، ص 4، حاشية 2.

(5) البديري، أحمد، حوادث دمشق، ص 8.

(6) بريك، ميخائيل، تاريخ الشام، ص 10-11.

(7) البديري، أحمد، حوادث دمشق، ص 8. ابن جمعة، محمَّد، الباشات والقضاة، ص 8؛ القاري، رسلان، الوزراء، ص 79؛ مجهول، ذكر دمشق الشام، ق 4، ب؛ بريك، ميخائيل، تاريخ الشام، ص 11، ويشير ابن كنَّان بأن سليمان العظم عندما عزل للمرة الأولى عن دمشق حاول أن يحتفظ بولايته «ولكن لم يستطع ودفع للسلطنة أموالًا كثيرة ولم يفدْ»، ص 500.

(8) البديري، أحمد، حوادث دمشق، ص 9؛ العظم، عبد القادر، الأسرة العظمية، ص 29.

(9) البديري، أحمد، حوادث دمشق، ص 9.

كانت ولاية سليمان العظم على دمشق (الأولى والثانية)، ذات أثر هامٍّ في المجال العمراني والاقتصادي والسياسي، فإلى جانب تعميره للمنشآت وترميم بعضها، «من أمواله الخاصَّة[1]» وتشييده للمدرسة السليمانية[2] فقد أمَّن الحجَّ، وحافظ عليه، وكان خروجه لنجدته سنة 1156هـ/ 1743م وإنقاذه للحجَّاج وحماية أموالهم، محلَّ تقدير برأي البديري، «وقد عدَّ له هذه المنقبة لمثله من الهمم العالية والمروءة السامية»[3].

هـذا بالإضافة إلى سعيه لتوطيد الأمن داخل المدينة وخارجها، فخرج في عِدَّة غـارات على الأمير ظـاهر العمر[4] وعلى الشهابيين في جبل لبنان، وعلى الدروز[5] حتَّى توفِّي محاصرًا لظاهر العمر في قلعة طبريا، في السابع من رجب 1156هـ/ 1743م، «فكان حكمه للمرَّة الثانية ثلاث سنوات»[6]، قضاها وهو يحاول تأمين المدينة وتشييد المباني، وتخفيف حدَّة الصراع بين العسكر، وبنى علاقة جيِّدة مع العلماء والشيوخ وأوقف الأموال والكتب على مدرسته[7] ويشير البديري إلى أنَّ سليمان باشا تبادل الهدايا مع والي بغداد أحمد بن حسن باشا[8].

(1) البديري، أحمد، حوادث دمشق، ص 40؛ العظم، عبد القادر، الأسرة العظمية، ص 29.

(2) المدرسة السلمانية الجوانية. انظر: البديري؛ أحمد، حوادث دمشق، ص 45؛ ابن جمعة، محمَّد، الباشات والقضاة، ص 69؛ العلبي، أكرم، خطط دمشق، ص 270؛ الغزي، نجم الدين، لطائف المنه، ق 38، ب، سجل 116، حجة 152، ص 42، شوال 1143هـ/ 1756م، سجل 124، حجة 72، ص 145، 15 ربيع أول 1162هـ/ 1748م.

(3) البديري؛ أحمد، حوادث دمشق، ص 36.

(4) ينتمي الشيخ ظاهر العمر إلى قبيلة الزيادنة، وكان من أبرز الشخصيات في تاريخ سوريا خلال النصف الثاني من القرن 12هـ/ 18م، حيث خضعت لسيطرته بلاد واسعة، ودخل مع ولاة دمشق في عدة حروب. انظر: الشهابي، حيدر، الغرر الحسان، ج1، ص: 30-31. البديري، أحمد، حوادث دمشق، ص 22؛ ابن جمعة، محمَّد، الباشات والقضاة، ص 69؛ العظم، عبد القادر، الأسرة العظمية، ص 29؛ مجهول، ذكر دمشق الشام، ق 24، ب؛ ابن الصديق، حسن، غرائب البدائع، ص 19.

(5) انظر هذه الأحداث، ابن كنَّان، محمَّد، الحوادث اليومية، ص 470، ص 481؛ المرادي، محمَّد خليل، سلك الدرر، ج3، ص 184؛ نوفل، نعمة الله، كشف اللثام، ص 151؛ الشهابي، حيدر، الغرر الحسان، ج1، ص: 30-31.

(6) مجهول، ذكر دمشق الشام، ص 24، ظ؛ البديري؛ أحمد، حوادث دمشق، ص 45.

(7) سجل 94، حجة 58، ص 33، 14 ربيع الآخر 1151هـ/ 1738م.

(8) البديري، أحمد، حوادث دمشق، ص 44.

عهد أسعد باشا العظم

خلف سليمان باشا العظم ابن أخيه أسعد بن إسماعيل العظم على دمشق، ودخلها في الخامس والعشرين من شعبان المبارك الواقع في سنة 1156هـ/ 1743م[1]، وكان أمام أسعد باشا أن يتمَّ جهود عمِّه سليمان في مجال التخلُّص من نفوذ اليرلية المحلِّية، وتقليص نفوذ فتحي الفلاقنسي[2]، دفتردار دمشق[3] الذي وضع يده على أملاك سليمان العظم، وختم على أملاكه وأقام على ذلك حرسًا، وكتب بذلك عرضًا للدولة العلية[4]، وسجن كبار مساعدي سليمان العظم و«رسم على من معهم من الجماعة»[5] وشهدت دمشق اضطرابات الإنكشارية والجند خصوصًا اليرلية الذين اعتمدوا على دعمهم له وانضمامه إليهم منذ أيَّام عثمان باشا المحصل[6].

وزاد من قوَّة فتحي الدفتري، انتماؤه للأشراف وحصوله على دعمهم وتأييد العلماء ومختلف فئات المجتمع، من خلال إنشائه للمساجد والمدارس وترميم المباني القديمة من تكايا وزوايا، وتجديده للطرق والممرَّات[7]، وبذلك ظهر كشخصيَّة منافِسة للوالي وهو ما يظهره

---

(1) البديري، أحمد، حوادث دمشق، ص 48؛ مجهول، ذكر دمشق الشام، ق 24، ب؛ القاري، رسلان، الوزراء، ص 79؛ بريك، مخائيل، تاريخ الشام، ص11؛ الطباخ، أحمد، أعلام النبلاء، ج3، ص 334؛ العظم، عبد القادر، الأسرة العظمية، ص 31.

(2) فتحي بن محمَّد بن محمَّد بن محمود الحنفي الفلاقنسي، الدمشقي المولد، الدفتردار الصدر الكبير (ت 1159هـ/ 1746م). انظر: المرادي، محمَّد خليل، سلك الدرر، ج3، ص 279–187؛ القاري، رسلان، الوزراء، ص 79؛ البديري، أحمد، حوادث دمشق، ص17؛ الأيوبي، محمَّد، مجموعة تراجم، ق 48، ب، ق، 4، ظ.

(3) كلمة دفتردار فارسية الأصل، وتعني بالتركية، حافظ السجلاَّت، وكان هذا اللفظ يطلق على من يتولَّى الإشراف على الشؤون المالية في كلِّ ولاية، وفي العاصمة اسطنبول، كان الدفتردار الموظَّف الوحيد الذي له الحقُّ بتقديم العرائض السلطانية للسلطان، وفي ولاية دمشق، يعتبر الدفتردار الشخصية الثانية بعد الوالي في الهيئة الحاكمة في الولاية. انظر: جب وبوون، المجتمع الإسلامي، ج1، ص 83؛ نعيسة، مجتمع مدينة دمشق، ج1، ص 212؛ Koury. G., The Province of Damascus, p. 12.

(4) البديري، أحمد، حوادث دمشق، ص45.

(5) البديري، أحمد، حوادث دمشق، ص 46.

(6) كان فتحي الدفتردار قد ألحَّ على عثمان باشا المحصل بإصدار فرمان بطرد القابي قول، وبسبب ذلك كسب دعم اليرلية إلى جانبه. أنظر: بريك، ميخائيل، تاريخ الشام، ص 10.

(7) حول أعمال فتحي الدفتري، انظر: المرادي؛ محمَّد خليل، سلك الدرر، ج3، ص. ص 279–187؛ القاري؛ رسلان، الوزراء، ص 79؛ الأيوبي، محمَّد، مجموعة تراجم، ق 48، ب، ق 41، ظ؛ البديري، حوادث الشام، ص: 47، 49، 50، 51، 55، 60–61، 75، 80.

وصف البديري بأنَّه: «كان سلطان الشام[1]، ويبدو أنه كان ينتظر من وراء هذا النفوذ والقوَّة أن تُسند إليه وزارة الشام بعد سليمان العظم، وأقام ينظر الجواب»[2].

يرى عبد الكريم رافق، أنَّ تنامي نفوذ فتحي الدفتري وقوى اليرلية، يُشكِّل المرحلة الأولى من حكم أسعد باشا العظم، في دمشق[3]، قضى فيها يُعدُّ الأمور للتخلص من نفوذ فتحي الدفتري وتمرُّد اليرلية[4]، ومع ذلك فإنَّه لم يواجه فتحي الدفتري مباشرة، نظرًا لاتِّساع نفوذه وقوَّته، ومع الدعم الذي يتلقَّاه في القسطنطينية[5]، ما حدا به إلى التريُّث والانتظار لحلول الفرصة المناسبة لذلك، لهذا فإنَّه تركه في دمشق، وخرج مع عساكر للدورة وترك علي آغا المتسلِّم[6] ولم يدخل في مواجهة مباشرة معه، حيث استغرق التخلُّص منه العامين الأوَّلين من حكمه[7].

السؤال المطروح هنا، ما هي طبيعة الدعم الذي كان يتلقَّاه أو يستند إليه فتحي الدفتري في العاصمة العثمانية؟ يجيب البديري الحلَّاق على ذلك بقوله: «ولمَّا صار من أهل دمشق عرض في خصوصه فلم يعد وكان هو بإسلامبول، فأعطي العرض له... وكان السبب في ذلك وجود آغا دار السعادة بشير آغا، وكان فتحي منتميًا إليه وكان للآغا المذكور نظرٌ على المترجم وحماية»[8].

وبهذا يمكن تحديد مصادر دعم نفوذ فتحي الدفتري من خلال: نفوذ محلِّي دمشقي تقوده قوى اليرلية، من أجل دعمه لهم على حساب القابي قول، وامتداد محلِّي متمثِّل بعلاقاته مع

---

(1) البديري، حوادث دمشق، ص 50؛ Shamir. S., A'sad Pasha, pp: 8-9.

(2) البديري، أحمد، حوادث دمشق، ص 47؛ المرادي، محمَّد خليل، سلك الدرر، ج2، ص 63؛ محروقة، أحمد، أسعد باشا العظم، ص.ص: 12–14.

(3) رافق، عبد الكريم، العرب والعثمانيون، ص 256.

(4) البديري، أحمد، حوادث دمشق، ص.ص: 62، 66، 73، 108، 117.

(5) محروقة، أحمد، أسعد باشا العظم، ص 12؛ رافق، عبد الكريم، العرب والعثمانيون، ص 256؛ عماد، عبد الغني، السلطة في بلاد الشام، ص 83.

(6) البديري، أحمد، حوادث دمشق، ص 48؛ والمتسلم في النظام الإداري العثماني، يقوم مقام المتصرف على إحدى الصناجق، وكان الولاة يقومون بتعيين أحد رجالهم ليتسلم الإدارة ويدعي في هذه الحالة متسلم. أنظر: البديري، أحمد، حوادث دمشق، ص 8، ص 32، 47، 196؛ مجهول، حسر اللثام، ص 26؛ غرايبة، عبد الكريم، مقدمة في تاريخ العرب الحديث، ص 59؛ العبد، حسن آغا، تاريخ حسن آغا، ص 18؛
Koury. G., The Province of Damascus, p 15.

(7) رافق، عبد الكريم، العرب والأتراك، ص 256.

(8) البديري، أحمد، حوادث دمشق، ص 79، يعتبر آغا دار السعادة «الغزلارأغا» الموظَّف الرئيسي في العصر كله، وله الإشراف على الحريم السلطاني، ثم حجَّ مشرفًا على أوقاف الحرمين. انظر: جب وبوون، المجتمع الإسلامي، ج1، ص 111.

التجَّار وشيوخ العربان والبدو[1]، واتِّصال مباشر مع دار السلطنة العثمانية، ودعم ورعاية مصالحه من قبل «الكزلارآغا» في دار السعادة السلطانية المتمتِّع بنفوذ قويٍّ آنذاك»[2]، وكلُّ هذا جعله يتصرَّف مثل الولاة ويظهر بمستوى لا يقلُّ عنهم من خلال أعماله بدمشق، حيث يوصف بأنَّه «كان المرجع فيها بالأمور، وعمَّر طريق الصالحية، والجامع الأموي، وبنى مدرسة له في حيِّ القيمرية[3]، حيث مقرُّ أسرته ومسكنه[4].

وكانت الأفراح التي واكبت زواج ابنه 1156هـ/ 1743م والتي استمرَّت سبعة أيَّام على عادة الولاة، دالَّة على مقارعته لسلوك الولاة وتقليدهم والتشبُّه بهم[5]، بما يعدُّ إشارة واضحة على امتداد نفوذه.

يصف محمَّد الأيُّوبي الدمشقي في مخطوطةٍ النفوذَ والسلطةَ التي بلغها فتحي الدفتري فيقول: «وهو المدبِّر للأمور والملأ والجمهور، وصار الملجأ في المهمَّات، ومبتدأ الحاجات، وكان يصطحب العلماء والفضلاء، والأدباء البارعين، وعنده من الكتَّاب فئة أصابهم الإتقان مع قوَّة المعارف وكذلك جملة من أرباب المعارف والموسيقى والألحان، وداره كانت منتزه الأرواح، «غير أنَّه كان ظلمه عامًا وأتباعه تتجاهر بالفسوق»[6].

لم يختر أسعد باشا أن يواجه فتحي الدفتري مباشرة، بل إنَّه أشركه معه في ضبط الأمور واستعان به في عقد صلح مع ظاهر العمر[7]، وذلك لأنَّ التخلُّص منه ومن نفوذه كان يتطلَّب رأيًا عامًّا دمشقيًا يُستند إليه. وفي هذا الاتجاه كانت الأحداث في دمشق تسير لصالح أسعد باشا، فأثناء ذهابه للدورة سنة 1156هـ/ 1743م، أغلقت الشام وقامت الأشراف على بيت فتحي

---

(1) ريمون، أندريه، الولايات العربية، ج2، ص 58.

(2) رافق، عبد الكريم، العرب والأتراك، ص 258؛ جب وبوون، المجتمع الإسلامي، ج1، ص 111.. Shamir. S. As'ad Pasha, p 9.

(3) أوقفها فتحي بن محمَّد الدفتري الدمشقي، وهي مشهورة سميّت بالفتحية. انظر: العلبي، خطط دمشق، ص 372؛ سجل 178، حجة 207، ص 169، 14 صفر 1153هـ/ 1740م؛ سجل 96، حجة 33، ص 12، 4 رجب 1150هـ/ 1737م؛ سجل 95، حجة 224، ص 122، 7 ذي الحجة 1158هـ/ 1745م.

(4) الأيوبي، محمَّد، مجموع تراجم، ق 42؛ بريك، ميخائيل، تاريخ الشام، ص 14؛ المرادي، محمَّد، خليل، سلك الدرر، ج3، ص 281.

(5) ريمون، أندريه، الولايات العربية، ص 585؛ أنظر: وصف هذه الأفراح التي أقامها فتحي الدفتري؛ البديري، حوادث دمشق، ص 39.

(6) الأيوبي، محمَّد، مجموع تراجم، ق 233، ب، ظ.

(7) البديري، أحمد، حوادث دمشق، ص 50.

الدفتردار، وسبب ذلك اعتداء أحد أتباعه على الأعيان السادة الأشراف وسحب السلاح عليهم في الجامع الأموي، «فاجتمعت الأعيان وعملوا ديوانًا كبيرًا وأخرجوا فتوى في قتله وإباحة دمه (أي التابع) وأعملوا عرضًا في فتحي بأنَّه من أعظم المفسدين هو وأتباعه»[1].

وفَّر هذا الحدث لأسعد باشا ذريعة للتخلُّص من فتحي الدفتري، ولكنَّ خروجه للحجِّ أخَّر ذلك، وأثناء غيابه في الحجِّ وصل مندوب السلطنة العثمانية لتحصيل أموال سليمان العظم التي قدَّرها باثني عشر ألف كيس[2]، ونجح فتحي الدفتري بتأليب الناس على سليمان العظم وأيَّام حكمه عندما رأى ثروته الضخمة، «فلمَّا بلغ الناس ما خرج عنده من المال وكان في أيَّامه شدَّة الغلاء مع سوء الحال، هاجوا عليه بالذمِّ وقالوا: قد جوَّع النسا ولم يراقب الله ذا الجلال»[3].

ولما عاد أسعد باشا من الحجِّ، اعتقد الناس بأنَّه سيقوم بعمل تجاه ما فعله فتحي الدفتري بأهل عمِّه سليمان العظم، وازدياد تعدِّي اليرلية في دمشق، لكنَّه لم يفعل شيئًا، ما عرَّضه لنقد الناس، فصاروا يقولون: «سعدية قاضين نائمة مع النائمين وتعرض الأشقياء للعرض والمال متسلحين، لكن البلد من الحركات ساكنة ومن ظلم الحكام آمنة»[4].

في الخامس من رجب 1157هـ/ 1744م اجتمع أعيان الشام وعملوا عرضًا آخر في فتحي الدفتري «بأنَّه من المفسدين، ولكن ما تمَّ الأمر لاختلاف كلمتهم»[5]، وكان فتحي قد استدعى لدار السلطة، لتحديد صلاحيَّاته وتنبيهه، ولكنَّ مساعدة «الكزلار آغا» أنقذته من الموت، وعاد لدمشق سيرًا ودخلها بفرح وسرور[6] وزادت تهديدات الزرباوات للناس والباشا غائب بالحجِّ والغلاء قائم على قدم وساق مع الكرب والخوف والشقاق»[7]. هذه الظروف دفعت أسعد باشا عند عودته إلى تصحيح الأمور فأمر قوَّاته وخاصَّة الدلاتية[8] بالهجوم على القلعة وسوق

---

(1) البديري، أحمد، حوادث دمشق، ص 50.

(2) البديري، أحمد، حوادث دمشق، ص 54، ويصف البديري القسوة التي حلَّت بأهل بيت سليمان العظم من جانب فتحي الدفتري.

(3) البديري، أحمد، حوادث دمشق، ص.ص: 54-58.

(4) البديري، أحمد، حوادث دمشق، ص 62. Shamir. S., As'ad Pasha, pp: 7-12.

(5) البديري، أحمد، حوادث دمشق، ص 60.

(6) العظم، عبد القادر، الأسرة العظمية، ص 52. Shamir. Sh., As'ad Pasha, pp: 17.

(7) البديري، أحمد، حوادث دمشق، ص 65.

(8) كان يطلق على الجند دلاتي، وكان هؤلاء يعيشون على الغزو وأعطيات الأمراء، لأنَّ الدولة لا تمنحهم رواتب معيَّنة، وكانوا يجتمعون في إحدى قرى حمص ثمَّ يأتون إلى دمشق ليعرضوا خدماتهم على والي دمشق الذي =

ساروجا[1] وفي الميدان[2]، وهي من أبرز مناطق تجمع اليرلية بدمشق، فقصف مناطقهم بالبارود، و«نهب بيوتهم وحرقها، وظفر بدمشق وحكم»[3].

استند أسعد باشا العظم في عمله هذا إلى الموقف الشعبي والعام من تمرُّد اليرلية والعسكر، ومن انزعاج المجتمع منهم، وتابع ذلك بأنَّه «... أرسل خبرًا لمشايخ الحارات وأئمَّتهم بأن يقبضوا على بقيَّة الأشقياء» حتَّى سكتت الشام وصارت الناس في أمان وأمن[4]، ومن أجل ضمان توازن القوى العسكرية في دمشق طلب الباشا من الدولة أن تُعيد فرق القابي قول التي أخرجها عثمان باشا المحصل، سابقًا «فأرسلوا له أرطة «أون طقوز الفرقة التاسعة عشرة» ودخلت بموكب عظيم[5] فأعادهم كما كان سابقًا وأزود»[6].

أمَّا فتحي الدفتري، فقد بدأ يفقد نفوذه بين الأشراف والأعيان وأصحاب الحرف ورجال الجيش والآغوات[7] وانتهت قوَّته التي بناها في مواجهة أسعد باشا العظم في داره، «حتَّى خرج الباشا علينا وأخرجوا جثَّته بلا رأس»[8] و«كان ذلك يوم الأحد بعد العصر خامس عشر جمادى الثانية 1159هـ/ 1746م»[9].

= اعتمد عليهم في حملاته العسكرية ضدَّ المتمرِّدين وفي حماية قافلة الحجِّ، نعيسة، يوسف، مجتمع مدينة دمشق، ج1، ص 248.

(1) يقع سوق ساروجا إلى الشمال من قلعة دمشق، وقد بُني في حدود سنة 725هـ/ 1324م على يد الأمير صارم الدين ساروجا بن عبد الله المظفري، وقد ازدهرت منطقة ساروجه خلال العهد العثماني وتميَّزت ببنائها المشيد على الطراز التركي. العلبي، أكرم، خطط دمشق، ص 441؛ بدران، منادمة الأطلال، ص 323، وعن مقاومة اليرلية وتعصبهم. انظر: محروقة، أحمد، أسعد باشا العظم، ص 14؛ Shamir Sh. As'ad Pasha, p 11.

(2) يقع حي الميدان إلى الجنوب الغربي من دمشق، وكان يقسم إلى ثلاثة أقسام الميدان التحتاني والفوقاني والوسطاني، ازدهر بتشكل كبير خلال القرن 18م، ووفدت إليه عدة عناصر سكانية، وساهمت تجارة الجنوب، وقوافله بنموه شكل كبير، أنظر: Shamir. S. As'ad Pasha, p. 11 ;95-Martino, Br. Le. , Faubourg du Midan, p.p: 90.

(3) بريك، ميخائيل، تاريخ الشام، ص 13.

(4) البديري، أحمد، حوادث دمشق، ص 69.

(5) البديري، أحمد، حوادث دمشق، ص 72.

(6) بريك، ميخائيل، تاريخ الشام، ص 13-14؛ البديري، أحمد، حوادث دمشق، ص 72.

(7) Schilcher. L. Familes in Politics, p. 32.

(8) القاري، رسلان، الوزراء، ص 79؛ البديري، أحمد، حوادث دمشق، ص 75؛ المرادي، محمَّد خليل، سلك الدرر، ج3، ص 281؛ رافق، عبد الكريم، بلاد الشام ومصر، ص 326؛ عماد، عبد الغني، السلطة في بلاد الشام، ص 84. Schilcher. L. Familes in Politics, p. 29.

(9) الأيوبي، محمَّد، مجموع تراجم، ق 42، ظ. البديري، أحمد، حوادث دمشق، ص 74. Shamir. Sh., As'ad Pasha, p 12.

تعدُّ هذه الخطوة التي قام بها أسعد باشا، من أهمِّ إنجازاته في حكم دمشق، حيث تخلَّص من نفوذ رجل كان ينافسه، واستطاع تقليص نفوذ اليرلية، خاصَّة بعد طلبه من السلطنة العثمانية بإرسال فرقة من قوَّات القابي قول لدمشق، ليضمن بذلك التوازن بين هذه القوى وعدم تفرُّد أحد منها بمصير المدينة وأمنها، وهذه الأحداث جعلته يدرك الأهمِّية التي يتمتَّع بها الأعيان وكبار رجالات دمشق، ولهذا فإنَّه لم يُقدم على التخلُّص من فتحي الدفتري، إلَّا بعد تأكيد الأعيان والأكابر في دمشق على رغبتهم في التخلُّص منه، ومكاتبة الدولة العثمانية بذلك[1]، مستندًا بذلك إلى ما يتمتَّعون به من احترام ونفوذ في الأوساط المدينية[2].

ولم يقف الأمر عند هذا الحدِّ بل استغلَّ أسعد باشا قوَّات القابي قول في دمشق، من أجل التخلُّص من فرق الجند الدلاتية الذين استخدمهم في القضاء على فتحي الدفتري وأعوانه ومهاجمة اليرلية المحلِّية، وذلك أنَّهم أصبحوا «يدورون بالبلد والباشا غائب وقد زاد النكد وزاد هذا الحال مدَّة غياب الباشا»[3] لذلك فما إن عاد من الحجِّ سنة (1160هـ/ 1747م) حتَّى «شدَّد الطلب على الزرب الأشقياء، إذ زادت الشكوى من اعتداءات الدلاتية وتعدِّياتهم والجور وكثرت منهم الشكاية إلى والي الشام، فكتب للدولة بشأنهم فجاءه مرسوم بإبادتهم، فأمر مناديًا أن ينادي: «كلُّ من أقام من الدلاتية في الشام أكثر من ثلاثة أيام فدمه مهدور»[4].

لم تقتصر انجازات أسعد باشا على حفظ الأمن في المدينة بل اهتمَّ بتأمين سلامة قافلة الحجِّ، فأغار عدَّة مرَّات على مراكز تجمُّع البدو[5]، وقد «أرهب الكبار والطغاة وعظم صيته، وصاروا يضيفون لاسمه الحاجَّ»[6]، وهاجم جبل الدروز عدَّة مرَّات[7]، لكن خلال المدَّة التي أعقبت التخلُّص من فتحي الدفتري، والتي عادت فيها الصراعات المحلِّية بين قوى الجند المختلفة، ظلَّ الجند القابي قول يؤكِّدون نفوذهم في المدينة، «وحدثت مواجهات كثيرة أريقت فيها الدماء وسكرت البلد كلها»[8]،وآنذاك تقدَّم أشراف دمشق وأعيانها فعقدوا ديوانًا اجتمعت

(1) البديري، أحمد، حوادث دمشق، ص 50، ص 61.

(2) ريمون، أندريه، الولايات العربية، ج2، ص 585؛ شلشير، ليندا، بعض مظاهر، ص 332.

(3) البديري، أحمد، حودث دمشق، ص 85؛ رافق، عبد الكريم، العرب والأتراك، ص 260.

(4) البديري، أحمد، حوادث دمشق، ص 88؛ الشهابي، حيدر، الغرر الحسان، ج2، ص 773.

(5) البديري، أحمد، حوادث دمشق، ص: 71، 93، 94، 96، 102، 106.

(6) البديري، أحمد، حوادث دمشق، ص71.

(7) البديري، أحمد، حوادث دمشق، ص 94- 95، 106.

(8) البديري، أحمد، حوادث دمشق، ص 109-110.

فيه الأعيان عند أسعد باشا العظم، وحكموا على القابي قول، بأن يعطوا ديَّة الشهداء الأشراف الذين قتلوهم لورثتهم[1] وأخذ الناس في دمشق يستذكرون عثمان باشا المحصِّل الذي أخرج القابي قول وأبطلهم[2]، وهو ما يعني إحراج أسعد باشا وتوجيه النقد إليه.

لكنَّ ذلك الديوان الذي انعقد، كان بداية نهاية لطموح العلماء والأعيان في التصرُّف بشؤون المدينة، وأثبت أنَّهم غير قادرين على إدارة المدينة، فسلَّموا بأنَّ السلطة في دمشق بيد الجند القابي قول. لذلك، ليس غريبًا أن تجد موقف الأعيان والأكابر السلبي في دمشق، المتمثِّل في رفضهم لتسلُّم أمور المدينة أثناء غياب أسعد باشا العظم عن دمشق، وذلك عندما أراد الخروج للدورة سنة 1161هـ/ 1748م، إذ عمل ديوانًا وجمع فيه أعيان الشام وقال لهم: أنا الليلة مسافر على الدورة فتسلَّموا البلد ولا تتركوا أحد يتعدَّى على أحد، فقالوا نحن يا أفندينا علماء ومدرِّسون، وصنعتنا مطالعة الكتب وقراءتها، فقال لهم: هذا إقراركم، وكيف وأنتم الأعيان؟ فقالوا: حاشا لله، إنَّما أعيان الشام القابي قول، فقال هذا إقراركم وقد تحقَّقتم أنَّ أعيان الشام القابي قول»، فعند ذلك أرسل خلف رؤوس القابي قول وسلَّمهم البلد[3]، ولا يُستبعد أن يكون موقف العلماء والأعيان نوعًا من الدهاء لكي يورِّطوا أسعد باشا أكثر ويجعلوا سطوة الجند تتعاظم بما يعجِّل برحيله.

وبعد أن وضع أسعد باشا الأعيانَ والعلماءَ عند حجمهم الطبيعي، اتَّجهت جهوده إلى تأكيد نفوذه وإغناء نفسه بأعماله المشهورة في الفترة الممتدَّة من (1159هـ/ 1746م) حتَّى نهاية ولايته (1170هـ/ 1757م)[4]، فقام بإصلاح العديد من المساجد[5] والزوايا والمزارات، وبنى خانًا سمَّاه باسمه «وفي عام 1167هـ/ 1753م تمَّت قيساريته، التي لم يعمل مثلها في سائر بلاد الإسلام»[6] إضافة إلى قصره الذي عُدَّ من أجمل مباني دمشق[7] واهتمَّ بمدرسة والده إسماعيل

---

(1) البديري، أحمد، حوادث دمشق، ص 110.

(2) البديري، أحمد، حوادث دمشق، ص 111، وأخذ الجند يقولون أن قتلة الشريف قيمتها أخشاية فضة، أي آقجة وهي عملة فضية صغيرة.

(3) البديري، أحمد، حوادث دمشق، ص 111.

(4) رافق، عبد الكريم، العرب والأتراك، ص 260.

(5) البديري، أحمد، حوادث دمشق، ص.ص: 81، 131، 189.

(6) البديري، أحمد، حوادث دمشق، ص 174، 179؛ العلبي، خطط دمشق، ص 77؛ ولتسينجر، كارل، الآثار الإسلامية، ص 79.

(7) البديري، أحمد، حوادث دمشق، ص.ص: 141-44، 50؛ محروقة، أحمد، أسعد باشا العظم، ص 31؛ معلوف، عيسى، قصر آل العظم؛ المنجد، صلاح الدين، قصر أسعد باشا العظم، ص 22.

باشا، وألحق بها مسجدًا لتدريس العلوم الدينية[1]، وأقام حاجزًا حول قبر السيِّدة زينب[2]، ومن أعظم آثاره بحسب البديري تجديده لمنارتي التكيَّة السليمانية[3] بالإضافة إلى أوقافه الكثيرة، والتي لم تعد الدولة فيما بعد قادرة على الإنفاق عليها لكثرة تكاليفها فأصدرت أمرًا بإبطالها[4].

ونتيجة لهذه الأسباب فإن هناك قائمة طويلة يمكن إعدادها بالأعمال التي قام بها أسعد باشا العظم في دمشق في المجال العمراني، وهو ما يُذكِّر بأعمال السلاطين الأوائل أيَّام سليم وسليمان، وظهر أنَّ هناك ولاة سيعدُّون هذه الاهتمامات من أهمِّ واجباتهم، ففي دمشق التي طال بقاؤه فيها، أقام أسعد باشا الكثير من المنشآت العمرانية، وهناك إشارات كثيرة على تسهيله لطريق الحجَّاج[5] إذ بنى بركًا عظيمة وقلاعًا ضخمة، أشهرها قلعة المدائن[6].

على صعيد النفوذ الإقليمي كانت قوَّة ظاهر العمر الزيداني، وإخضاع الدروز من أهمِّ أهداف أسعد باشا العظم، بعدما قضى على فتحي الدفتري، وقلَّص سلطة اليرلية، تحديدًا حين بات ظاهر العمر ينافسه على مناطق نفوذه[7] ويحظى بدعم روسيا آنذاك، كما أصبح الدروز يؤوون إليهم قوَّات الزرب واليرلية الهاربين من إجراءاته ضدَّهم[8]، فشنَّ غاراته عليهم وحاول مرَّات عدَّة تقليص نفوذ ظاهر العمر والحدَّ من خطر قوَّته[9]، كلُّ هذه الأعمال التي قام بها، كانت محلَّ تقدير السلطان العثماني، فجاءه من الدولة العليَّة هدية ملوكية «كرك (طوق) عظيم مفتخر وسيف ملوكي وخِلع وتشاريف وذلك لم يُسبق لغيره من الوزراء والحكَّام»[10].

---

(1) البديري، أحمد، حوادث دمشق، ص 142؛ المنجد، مقدمة في كتاب قصر أسعد باشا العظم، ص 4.

(2) رافق، عبد الكريم، بلاد الشام ومصر، ص 341؛ العظم، عبد القادر، الأسرة العظمية، ص 32؛
Schilecher. L., Familes in Politics, p. 31

(3) البديري، أحمد، حوادث دمشق، ص 80.

(4) انظر العظم، أسعد، كتاب وقف أسعد باشا، ونتيجة للنفقات الكثيرة على أوقاف أسعد باشا العظم، فقد صدر أمر سلطاني بإبطالها؛ وثيقة رقم 172، مركز الوثائق التاريخ دمشق.

(5) البديري، أحمد، حوادث دمشق، ص 182، وانظر: Shcilecher. L., Familes in Politics, p. 30

(6) محروقة، أحمد، أسعد باشا العظم، ص 30.

(7) يذكر البديري أن ظاهر العمر حاكم قلعة طبريا، أرسل بطلب فرمان شريف بأن أسعد باشا حاكم الشام لا يمر في سفره بالدورة على أرض طبريا. البديري، أحمد، حوادث دمشق، ص 130.

(8) رافق؛ عبد الكريم، بلاد الشام ومصر، ص 349 وانظر: Shamir, Sh., As'ad Pasha, pp: 20-21.

(9) البديري، أحمد، حوادث دمشق، ص: 93، 94، 96، 102؛ نوفل، نعمة الله، كشف اللثام، ص 151؛ الشهابي، حيدر، الغرر الحسان، ج1، ص 54؛ الديس، يوسف، تاريخ سوريا، م7، ص 377.

(10) البديري، أحمد، حوادث دمشق، ص 82؛ الشهابي، حيدر، الغرر الحسان، ج1، ص 35. وأشار الشهابي إلى ذلك بقوله: «فأنعمت عليه الدولة العليَّة بطوق».

لكنَّ السلطة والقوَّة ليست كلَّ شيء، فالواشون كثر في العاصمة القسطنطينية، ومع كلٍّ ما قدَّمه أسعد باشا العظم من جهود لحفظ الأمن في دمشق، وتأمين الحجِّ من اعتداءات البدو، إلَّا أنَّه كان مثله مثل كلِّ ولاة دمشق، ينتظر تجديد ولايته. ويذكر البديري أنَّه في سنة 1168هـ/ 1754م، «لم يأت خبر شافٍ إلى أسعد باشا من جهة حكم الشام وطال عليه المطال»[1] ومع ذلك فإنَّه يجب التوقُّف عند بداية ولاية أسعد باشا ونهايتها، حيث تزامن ذلك مع وصول تأييدين له من السلطنة، كان الأوَّل عام 1159هـ/ 1746م والثاني في عام 1170هـ/ 1756م[2]. أي قبل عزله عن دمشق بمدَّة قصيرة، ومن ثمَّ وجِّهت إليه ولاية حلب، ورحل عن دمشق في ربيع الثاني عام 1170هـ/ 1756م[3]، ثمَّ نُقل منها إلى سيواس، وفي ثامن رجب 1170هـ/ 1756م وصل الأمر إلى رئيس البوَّابين في الباب العالي بالقبض على أسعد باشا ونفيه إلى جزيرة كريت، فأُخرج من سيواس إلى كريت، وقُتل في مدينة أنقرة ليلة الخامس من شعبان 1171هـ/ 1757م[4].

أمَّا دمشق التي فقدت واليًا عظيم الشأن، فقد أُسندت إلى حسين باشا مكِّي[5]،الذي تعود أصول أسرته إلى حلب قبل أن يرحل جدُّه محمد مكِّي للعمل في غزَّة ويستقرَّ بها ويتولَّى بعض الاقطاعات بطريق المالِكانة بعد أن سافر إلى اسطنبول[6]، ورغم محاولاته في رفع المظالم وإصلاح أحوال المدينة، إلَّا أنَّه استهلَّ حكمه بفتنة عظيمة في ثاني عشر رمضان 1170هـ/ 1757م بين الإنكشارية «لم تهدأ منذ زمان وحاصرت كلُّ جماعة حارةً»[7] ولم تكد هذه الاضطرابات تنتهي حتَّى جاءت الأخبار في يوم الاثنين سابع عشر صفر 1171هـ/ 1757م بأنَّ البدو اعتدوا

---

(1) البديري، أحمد، حوادث دمشق، ص 152؛ ريمون، أندريه، المدن العربية، ص 28.

(2) البديري، أحمد، حوادث دمشق، ص 193.

(3) البديري، أحمد، حوادث دمشق، ص 195؛ محروقة، أحمد، أسعد باشا العظم، ص 40.

(4) رافق، عبد الكريم، بلاد الشام ومصر، ص 343؛ البديري، أحمد، حوادث دمشق، ص 219؛ العظم، عبد القادر، الأسرة العظمية، ص 37؛ محروقة، أحمد، أسعد باشا العظم، ص 40، ويذكر البديري أنَّه وُجِّهت لأسعد العظم ولاية مصر، ولكنَّ أهالي حلب تمسَّكوا به ولم يتركوه؛ البديري، حوادث دمشق، ص 199؛

Shamir. Sh., As'ad Pasha, pp: 25; Russel. A., The Natural History of Aleppo, p. 440.

(5) البديري، أحمد، حوادث دمشق، ص 194؛ المرادي، محمَّد خليل، سلك الدرر، ج2، ص 60-63؛ المحامي، محمَّد فريد، تاريخ الدولة العلية، ص 327.

(6) عن حسين باشا مكي واسرته ودورها في الحكم أنظر دراسة: خالد صافي، حسين باشا مكي، مجلة الجامعة الإسلامية، سلسلة الدراسات الإنسانية، غزة، العدد2 يونيو2005 ص ص: 35-55.

(7) البديري، أحمد، حوادث دمشق، ص 200.

على قافلة الحجِّ، وأبادوها بكاملها[1] «وصارت الحجَّاج تموت ناس بعد ناس»... ما حدث هذا العام كان ممَّا تقشعرُ له الأبدان، وبقيت دمشق من دون حاكم إلى أن تحقَّق الخبر، بأنَّ دمشق وُجِّهت لعبد الله باشا الشتجي 1172-1174هـ/ 1758-1760م[2].

كانت إبادة قافلة الحجِّ عام 1171هـ/ 1757م[3]، «نكبة كبيرة»[4]، أصابت والي دمشق آنذاك، وهناك عدد من الآراء التي تناقش الاعتداء على القافلة من خلال دور ما ساهم به أسعد باشا العظم، بفضل علاقته مع العرب، ومن أجل الانتقام من خلفه حسين باشا مكِّي زاده الذي عُيِّن واليًا لدمشق بعده[5].

ويرى فولني أنَّ من الأسباب المؤدِّية إلى عزل أسعد باشا، النفوذَ الكبير الذي حظي به، واستقباله في عام 1169هـ/ 1755م أحد خصيان البلاط السلطاني بصورة بسيطة، ما دفع بهذا الخصي للذهاب إلى غزَّة عند حسين باشا مكِّي الذي أحسن استقباله، فراح حين عاد إلى العاصمة يكيد ضدَّ أسعد باشا لإبدال حسين مكِّي مكانه، ولهذا في عام 1170هـ/ 1756م، اقتطعت القدس من دمشق وأُعطيت لحسين باشا وصارت غزَّة باشوية، ما يشير إلى تغيُّر سياسة الدولة تجاه أسعد باشا العظم[6].

وقد يكون نفوذ هذا الخصي أتى أُكُله لاحقًا، ما زاد في نقمة الدولة على أسعد باشا، المنسوب إليه أنَّه أسهم في تحريض البدو على القافلة، وهذه القافلة كانت تقلُّ أخت السلطاني العثماني[7]، وهو ما يعني أنَّ أعداء أسعد باشا لدى البلاط السلطاني وبخاصَّة في قسم الحريم قد أسهموا في تعجيل رحيله والخلاص منه.

---

(1) كانت هذه من أكثر الاعتداءات إبادة في تاريخ قافلة الحجِّ الشامي، وقد وصف البديري والصيداوي هذه الكارثة، وأعمال البدو بالحجَّاج وبشكل دقيق. انظر: البديري، أحمد، حوادث دمشق، ص 206؛ ويقول الصيداوي: «وكان استلاب العرب الأشقياء للجردة بعد مقاساة أعظم نكبة، وشدَّة وقتل غالب حامليها، وفرار بقيَّة من فيها، ومن ذكر انتهاب قافلة الحجِّ في الإياب وتفرُّق الحجَّاج في الآكام والشعاب ومجيء من سلم منهم إلى الشام بعد كلِّ شدَّة». الصيداوي، محمَّد، الكشف، والبيان، ق 52 ب. Shamir. Sh., As'ad Pasha, pp: 23-24.

(2) البديري، أحمد، حوادث دمشق، ص 212؛ المرادي، محمَّد خليل، سلك الدرر، ج1، ص 98؛ الغزي، نهر الذهب، ج3، ص 301؛ القاري، رسلان، الوزراء، ص 81.

(3) انظر ملحق (2) : أحوال الحجِّ من مصادر محلِّية وعثمانية لمدينة دمشق.

(4) جب وبوون، المجتمع الإسلامي، ج1، ص 33. Rafeq. A. The Province of Damascus, p. 204.

(5) رافق، عبد الكريم، بلاد الشام ومصر، ص 343؛ محروقة، أحمد، أسعد باشا العظم، ص 42.

(6) البديري، أحمد، حوادث دمشق، ص 188. Volney. J. F. Travels Thorogah, Vol., 1, p. 290.

(7) البديري، أحمد، حوادث دمشق، ص 207.

دمشق خلال حكم أسرة آل العظم (1147-1172هـ/ 1724-1758م)

تُعدُّ الفترة التي حكم فيها إسماعيل وسليمان وأسعد العظم، المرحلة الأولى من حكم آل العظم في دمشق وامتداد نفوذهم، وقد جاءت هذه المرحلة خلال النصف الأوَّل من القرن (12هـ/ 18م)، تخلَّلها انقطاع بسيط في نهاية عهد إسماعيل باشا، الذي عُزل ونُقل في نهاية ولايته[1]، والملاحظ أنَّ الحكَّام الثلاثة قد تعرَّضوا للعزل عن ولاياتهم قبل إنهاء خدماتهم بالنسبة للدولة العثمانية.

ومع أنَّه كان لكلٍّ مرحلة يحكم بها أحد ولاة آل العظم ظروفها الخاصَّة، فإنَّها كانت قد تأثَّرت بالظروف التي تمرُّ بها العاصمة العثمانية، ومثال ذلك تنقُّلات الولاة التي حدثت بعد حركة خليل باترونا Patrona Halil عام 1143هـ/ 1730م[2].

أكَّدت الأحداث أنَّ من شروط نجاح الحكَّام واستمرارهم في ذلك العصر، وجود من يرعى لهم مصالحهم لدى الباب العالي ويدافع عنها، ولم يغفل ولاة آل العظم ذلك، فسليمان باشا ارتبط بخليل أفندي الذي أشرنا إليه سابقًا، وكذلك أقام أسعد باشا صلات جيِّدة مع الوزير بكر باشا الذي سعى لجعل مدينة حماه مالكانة له[3]. ثمَّ أخذ يزداد نفوذه حتَّى أصبح واليًا على دمشق، ولم يغفل عن الاتصال مع من يرعون مصالحه ضدَّ أعدائه وبواسطتهم استطاع أن يتخلَّص من منافسة فتحي الدفتري، ولهذا لا نستغرب وصول الهدايا والخلع والأوسمة إليه من السلطان[4].

لكن، ومع القيمة الكبيرة لطبيعة الإدارة التي اتَّبعها ولاة آل العظم في دمشق، والخدمات التي قدَّموها للسلطنة العثمانية، وإعادتهم لمركزية السلطة في دمشق، فإنَّ ذلك لم يمنحهم الثقة الكاملة في البقاء، لهذا كان عليهم الانتظار كلَّ سنة للحصول على تجديد الولاية، إذ إن الباب العالي، ظلَّ دائمًا متخوِّفًا من إقامتهم حكمًا محليًّا مستقلًّا في دمشق[5] ومن جانب ولاة آل العظم، فإنَّهم لم يجازفوا بالحصول على إدارة أكثر استقلالية أو قطع شوط أطول في استقلالهم الإداري خوفًا من تغيير نظرة السلطنة إليهم والريبة منهم[6].

---

(1) بريك، ميخائيل، تاريخ الشام، ص 7. عماد، عبد الغني، السلطة في بلاد الشام، ص 81.

(2) Hakki, I. Osmanli Tarihi, IV. Cilt. I. B. S. 214.

(3) محروقة، أحمد، أسعد باشا العظم، ص 40.

(4) البديري، أحمد، حوادث دمشق، ص 72؛ الشهابي، حيدر، الغرر الحسان، ج1، ص 35.

(5) المرادي، محمَّد خليل، سلك الدرر، ج4، ص 470. جب وبوون، المجتمع الإسلامي، ج1، ص 33.

(6) ريمون، اندريه، الولايات العربية، ص 588.

وهنا، ثمّة ملاحظات عديدة تُرصد بشكل مباشر، من خلال عرض الوقائع التاريخية التي شهدتها دمشق إبّان عهد ولاة آل العظم، خلال القرن 12هـ/ 18م وهي:

1- تنامي قوّة العناصر العسكرية في دمشق بمختلف فئاتها، الأمر الذي يؤكّد وجودهم كفئة اجتماعية، كانت لها مشاركتها الفاعلة في توجيه الأحداث السياسية في الولاية، وهذا ما تؤكّده التواريخ المحلّية لدمشق وتزخر به(1).

2- خلال فترة حُكم آل العظم في النصف الأوّل من القرن 12هـ/ 18م، نجحوا في تشكيل تيّار جديد في إدارة المدينة، بحيث أعاد للمدينة حركتها وشاركت جميع فئاتها في صنع الأحداث المختلفة(2)، وهو ما توفّر بفعل وجود حكم محلّي تمتّع بقدر كبير من النفوذ، وبناء التحالفات الداخلية.

3- تزامن تعيين أوّل والٍ من أسرة آل العظم في دمشق، وانتهاء حكم أسعد باشا العظم، بقيام الأعيان والعلماء والأشراف بالتدخُّل ضدَّ تمرُّد العسكر في دمشق، الأمر الذي يؤكّد حضورهم ونجاحهم، بشكل واضح في لعب دور الوسيط في مجتمعهم المحلّي بين الرعيّة من جهة والهيئة الحاكمة من جهة أخرى، وهو ما يعطي الأعيان والعلماء صفة الطبقة الفاعلة والضابطة لحركة المجتمع.

4- أقام ولاة آل العظم الثلاثة الأوائل في دمشق صلاتٍ جيّدة مع فئة العلماء ورجال الدين والمتصوّفة، ودخلوا في علاقات أسرية معهم، والتفت أسعد باشا بشكل واضح إلى ضرورة ذلك، وأراد تسليمهم الإدارة في دمشق، لكنّهم رفضوا، وأقرّوا بسلطة العسكر القابي قول في دمشق(3).

5- في المجال العمراني الثقافي، تُعدُّ هذه المرحلة من أهمِّ الفترات التي شهدت فيها دمشق إعادة بناء وترميم وتشييد منشآت دينية، وعمرانية، ساهمت بشكل فاعل في نموِّ المدينة وازدهارها ما ساهم في إغناء الحركة الثقافية في دمشق، إذ شُيِّدت المدارس والمساجد والزوايا والخانات التي أعادت ذكرى السلاطين والوزراء الأوائل أمثال سليم وسليمان، والوزير بن درويش وسنان باشا(4).

---

(1) ابن كنّان، محمّد، الحوادث اليومية، ص: 129-130، 131-132، 25-26، 149، 158؛ البديري، محمّد، حوادث دمشق، ص: 66، 62، 73، 108، 171، 85، 87، 92.

(2) Schilecher. L. Familes in Politics, p. 29.

(3) البديري، أحمد، حوادث دمشق، ص 111.

(4) Abdel Nour. A. Introduction Al'Histoirre,1982.

6- تُتيح لنا التواريخ المحلِّية لمدينة دمشق، إمكانية القيام برصد لطبيعة توزيع السلطة السياسية في دمشق، خلال حكم آل العظم في دمشق، وحجم النفوذ الذي مارسته الفئات الاجتماعية المختلفة في الأحداث العامَّة، ما يُمكِّننا من معرفة طبيعة النسق السياسي والاجتماعي، والتوازن الداخلي بين هذه الفئات، ومقارنة ذلك مع الحقبة التي سبقت وصول آل العظم لدمشق والممتدَّة من 1120 إلى 1137هـ/ 1708-1724م.

ويظهر أنَّ قوى اليرلية المحلِّية احتلَّت الدرجة الثانية بعد الوجهاء المدنيين المتمثِّلين بالولاة والزعامات المحلِّية والآغاوات ورجال الإدارة المحلِّية[1]، وحقَّقت اليرلية هذا التقدُّم بسبب إخراج جند الدولة في ولاية عثمان باشا المحصِّل[2]، وبالتالي غياب القابي قول الذين أعادهم أسعد باشا بطلب من السلطنة[3]. وزاد من نفوذ اليرلية ارتباطها بالسكَّان المحلِّيين، ووقوفها إلى جانب الأشراف والعامَّة ضدَّ القابي قول[4]. وبالمقابل، سُجِّل غياب لدور العوانية في الأحداث على عكس الفترة التي سبقت آل العظم في دمشق، في حين زاد نشاط طائفة المغاربة[5] والزرباوات والدلاتية، وظهر دور البغاددة والموصلية[6] الذين استخدمهم الولاة بشكل متكرِّر في حروبهم مع منافسيهم.

أمَّا الأعيان الأكابر أو الوجهاء الدينيون[7]، فإنَّ دراسة سلوكهم السياسي أو فاعليَّهم السياسية لا يعني انصرافهم عن النشاط الفكري أو الثقافي التعليمي، بل هم أبقوا عليه وأظهروا تمسُّكهم بالعلم والتدريس[8] وبذلك حافظوا على بقائهم كنخبة مؤثِّرة في دمشق، لها تأثيرها البارز في الأحداث العامَّة مع استمراريتها في أداء دورها الثقافي والتعليمي إلى جانب موقعها الوظيفي كوسيط بين الرعيَّة والإدارة المحلِّية.

---

(1) خوري، فيليب، طبيعة السلطة، ص 406، 407.

(2) بريك، ميخائيل، تاريخ الشام، ص 10؛ البديري، أحمد، حوادث دمشق، ص 5.

(3) البديري، أحمد، حوادث دمشق، ص 105.

(4) البديري، أحمد، حوادث دمشق، ص 66، 62، 73، 108.

(5) طرد الجند المغاربة والمقيمين من دمشق في 12 جمادى 2، 1151هـ/ 27 أيلول 1738م، في عهد حسين باشا الشتجي، وكان ذلك بدعم اليرلية وبتأييد الدمشقيين، ومن ثمَّ عاد نشاطهم في عهد أسعد باشا العظم، حيث استخدمهم في كثير من حروبه الداخلية والخارجية. انظر: ابن جمعة، محمَّد، الباشات والقضاة، ص66-67؛ ابن كنّان، محمَّد، الحوادث اليومية، ص 314؛ بريك، ميخائيل، تاريخ الشام، ص 9-10.

(6) البديري، أحمد، حوادث دمشق، ص 130، 148؛ محروقة، أحمد، أسعد باشا العظم، ص.ص: 14-15.

(7) خوري، فيليب، طبيعة السلطة السياسية، ص 441.

(8) البديري، أحمد، حوادث دمشق، ص 111.

ولكنَّ نجاح العلماء في هذا الدور الوظيفي بين السلطة والرعيَّة، كان فيما يبدو سببًا في عدم ممارسة دورهم ونفوذهم الأخلاقي على المجتمع الدمشقي، ومقاومة أسباب الفساد، وتسجيل أدبيَّات تلك الفترة نقدًا صريحًا لسلوك هؤلاء الأعيان ورجال الدين من قضاة ومفتين في هذا الجانب.

حيث وجَّه محمد بن حسن الصيداوي الدمشقي نقده المباشر للعلماء، من خلال مؤلَّفه «الكشف والبيان عن أوصاف خصال شِرار أهل الزمان» بقوله: «وكما هو معلوم الآن لأمثال الشام فإنَّها بالقرب من كتابي هذه الحروف كانت خالية من النهي عن المنكر وما وقع في البلد من الفتن والشرور وتعدٍ واغتصاب وفطر في شهر الصيام، وتجاهر بالفساد وبأنجس الكلام، وامتهان لأشراف آل البيت الكرام[1]» وذلك لأنَّ قضاة الشرع عجزوا عن منع الفساد وهدَّدوا بالروع وأيقنوا بالخلع وزاد كرب وغلا وطاب الموت وحلا»[2].

مثل هذا النقد، الذي وجَّهه الصيداوي، حفلت به كتب أخرى دوَّنها البديري وابن كنَّان وابن الصديق، والتي أشارت إلى انعدام ممارسة أهل العلم والدين لنفوذهم الأخلاقي وانتشار الفساد، على عكس ما تشير إليه بعض الدراسات بأن العلماء مارسوا نفوذًا أخلاقيًا على المجتمع[3] في حالات محدودة.

أمَّا من حيث ممارسة النفوذ، فإنَّ النصَّ الموجود في السجلَّات والوثائق الخاصة بالفترة موضوع كتابنا، تمثِّل خطابًا سلطويًا يستند إلى تقاليد راسخة وإلى الأنا السلطانية، وتعكس الآلية التي تتمُّ فيها رقابة الحاكم الشرعي (القاضي) وحاكم السياسة ثانيًا[4] فالقاضي هو الذي يوجِّه الوظائف الدينية، وهو الذي يثبِّت مشايخ الحِرف، وهو الذي يُشرف على الأوقاف[5] وهو في هذا الخطاب: «قدوة الموالي العظام، وضابط أمور الدين[6]» أمَّا الوالي، فهو حافظ أمور الدين «الجناب الدستور المكرَّم المشير المفخم نظام مدبِّر أمور الأمم متمِّم مهام الأنام بالرأي الصايب

(1) الصيداوي، محمَّد، الكشف والبيان، ق5 ب.

(2) الصيداوي، محمَّد، الكشف والبيان، ق 52. سجل 133، حجة 1188، 370، 5 شعبان 1164هـ/ 1750م.

(3) شلشير، ليندا، بعض مظاهر، ص 333. خوري، فيليب، طبيعة السلطة، ص 442.

(4) زيادة، خالد، السلطة المدنية من خلال وثائق المحكمة الشرعية، ص 506.

(5) سجل 152، حجة 34، ص 22، 25 شعبان 1171هـ/ 1757م. سجل 139، حجة 32، ص 56، 18 ربيع الأوَّل 1160هـ/ 1747م.

(6) سجل 56، حجة 427، ص 138. 3 ربيع الأخر 1173هـ/ 1724م.

مشيد أركان الدولة ... أمير الحاج[1]، فالوالي رغم أنَّه موظف كبير في الإدارة العثمانية، إلاَّ أنَّه صاحب دولة أيضًا، أو حاكم السياسة في ولايته، وعليه حفظ الأمن وإرضاء الباب العالي وتوفير المال وله أن ينال العطايا ويخلع عليه من الأوسمة وشارات الملك والسلطة.

(1) وثيقة 63/ ب، 6 ربيع الثاني 1163هـ/ 1749م؛ سجل 115، حجة 91، ص 65، 1 جمادى الأولى 1159هـ/ 1746م.

الفصل الثاني

أهل الكارات والحجِّ والاقتصاد

توفَّرت لمدينة دمشق خلال القرن الثامن عشر الميلادي أسبابٌ موضوعية كي تنمو وتزدهر اقتصاديًا، وجوهر هذه الأسباب يعود إلى نموٍّ واستقرار الحكم المحلِّي في المدينة على يد أسرة آل العظم، التي تبوَّأت الحكم ليس في دمشق وحسب بل في مدن عربية أخرى[1]، كما مثَّلت دمشق خلال تلك الفترة مركزًا نشطاً لتبادل السلع والتجارة المحلِّية والإقليمية، وكان ذلك بفعل عوامل ذاتية نتيجة توسُّع المدينة ونموِّ سكَّانها واستقرارها السياسي أو بسب ظروف إقليمية.

وحسب هذه الظروف يمكن القول بأنَّ الحياة الاقتصادية في دمشق وجوارها قدِّر لها الازدهار، ولكنَّ التعمُّق في دراسة أحوال المدينة وشرائحها المجتمعية ورصد أحوال السوق في المصادر التاريخية المختلفة، يجعل من الصعب القبول بمقولة «الازدهار الاقتصادي»، في ظلِّ مجتمع كما تصفه المصادر يُعاني من الفوضى وانعدام الرقابة وتسلُّط كبار الأعيان والآغوات على صغار الفلَّاحين، فضلًا عن صراعات العسكر والجند.

يبحث هذا الفصل مظاهر محدَّدة من الحياة الاقتصادية في مدينة دمشق وجوارها، ولا يطمح إلى معالجة الحياة الاقتصادية بمفرداتها المختلفة، حيث يُعنى بالظروف والعوامل الاقتصادية التي شكَّلت دور المدينة المحلِّي والإقليمي، كما يوضح الأثر الاقتصادي لقافلة الحَّج على اقتصاد المدينة، إلى جانب معاينة دور الأسواق وبعض المرافق الاقتصادية الأخرى، ويبين وضع الريف من خلال وثائق السجِّل الشرعي، ويرصد أنواع العملة المتبادلة خلال النصف الأوَّل من القرن الثامن عشر الميلادي.

---

(1) انظر عن ولاة آل العظم ودورهم خارج دمشق في: الدمرداشي، الأمير أحمد ، كتاب الدرَّة المصانة، ص، 220،216،212، 222، 225؛ الصباغ، عبود، « مصنف»، الروض الزاهر في تاريخ ظاهر, ص32-37.

دمشق ومكانتها الاقتصادية

شهدت الدولة العثمانية إبَّان القرن 12هـ/ 18م، تحـوُّلات اقتصادية، أخذت شكلها كجزء من حركة اقتصادية عالمية [1]، وكانت دمشق كولاية عثمانية آنذاك، مرشَّحة تشهد نشاطًا تجاريًا ملحوظًا، وتبادلًا فعليًا في حجم السلع بينها وبين الأقاليم المجاورة، وقد تعزَّز ذلك النشاط مبكرًا بفعل موقع المدينة المتوسِّط بين حواضر عُرفت بدورها التجاري، كحلب والقدس ومدن الساحل الفلسطيني ومدن الحجاز جنوبًا من جهة، وباعتبارها آخر محطَّة لدرب الحرير من جهة أخرى[2].

لم تقف عوامل الازدهار الذي أصاب دمشق عند تلك الأسباب، بل إنَّ ازدهارها التجاري خلال النصف الأوَّل من القرن الثاني عشر الهجري/ الثامن عشر الميلادي، ارتبط بعاملين ذاتيين آخرين، هما: تطوُّر المنتوجات الزراعية في جنوب الشام وتدفُّقها إلى دمشق، وهذا عامل محلِّي[3]، وعامل آخر وهو إقليمي يتمثَّل بنموِّ المبادلات التجارية بين دمشق والأطراف، أو مراكز المدن الكبرى مثل حلب والموصل وبغداد.

ونتج نمو المبادلات التجارية بسبب الآثار التي ترتَّبت على الحروب الصفوية العثمانية التي نشبت خلال الفترة الممتدَّة بين عامي 1143-1160هـ/ 1729-1747م، والتي قطعت الاتصال التجاري بين حلب وأصفهان بسبب التهديدات الصفوية بانتزاع ولاية العراق ومحاصرة الموصل في شمالها[4]، ويضاف إلى ذلك سيطرة روسيا على المناطق المنتجة للحرير في شمال فارس بين عامي 1119-1121هـ/ -1721 1722م، الأمر الذي جعل النشاط التجاري في مدينة حلب يتراجع لصالح دور دمشق الاقتصادي.

ويبدو أنَّ ذلك ساعد في تحوُّل الطريق التجاري باتجاه معاكس لطريق حلب أصفهان، وهو طريق مكَّة - دمشق، كما يضيف Elisseff.N إلى تلك العوامل الإقليمية اعتبار دمشق

---

(1) حول التحوُّلات الاقتصادية العالمية وآثارها على الدولة العثمانية، انظر: اندرسون، بيري، دولة الشرق الاستبدادية، ص 22. هرشلاغ، زيفي يهودا، مدخل إلى التاريخ الاقتصادي الحديث للشرق الأوسط، ص 32.

(2) Elisseff. N. art. Dimashk. E.I.[2]. vol. II, pp. 287.

(3) Antoine Abdel-nour. Introduction Al, Hestoire Urbaine, p. 338.

(4) حول هذه الحروب انظر: رافق، عبدالكريم ، بلاد الشام ومصر، ص301. المحامي، محمَّد فريد بيك، تاريخ الدولة العلية العثمانية، ص320؛ مانتران، روبير، الدولة العثمانية، ج2، ص 407.

نقطة التقاء بين ساحل المتوسِّط ومراكزه التجارية من جهة، ومحل انتهاء سير القوافل التجارية القادمة من البادية الشرقية والمناطق الجنوبية من جهة أخرى.

ويرى كلٌّ من عبد الكريم رافق وأندريه ريمون بأنَّ ثمَّة دورًا للاهتمامات الغربية الأوروبية إزاء نموِّ الاقتصاد الدمشقي، والذي ساهم في تحقيق نموٍّ عمراني ملحوظ للضواحي الشمالية الشرقية والجنوبية الغربية من المدينة[1]، وهي في خطٍّ نموِّها مرتبطة بالطريق المؤدِّي إلى حوران وفلسطين والحجاز[2]، ولكنَّ نظرة إلى عمران دمشق خلال القرن الثامن عشر الميلادي، إلى جانب تتبُّع حركة المجتمع من خلال سجلَّات المحاكم الشرعية العائدة للأحياء الجنوبية والشمالية للمدينة، تُبيِّن أن ذلك التوسُّع لا يمكن إسناده إلى مؤثِّرات غربية لها علاقة بالنشاط الاقتصادي مع أوروبا عبر جبل لبنان فقط، بل إنَّ التزايد السكَّاني الذي تزامن مع تلك الفترة، ومع وجود السور المحيط بدمشق، جعل من الصعب أن يكون هناك نموٌّ عمراني داخل السور، كما أنَّ لقافلة الحجِّ الشامي دورًا ملحوظًا في نموِّ الأجزاء الجنوبية من المدينة وازدهارها، ويضاف لذلك عامل الهجرة الداخلية من قرى وريف الشام التي تركَّزت بشكل ملحوظ في منطقة الميدان جنوبًا.

الدور الاقتصادي للحجِّ

شكَّلت قافلة الحجِّ الشامي إبَّان العهد العثماني[3]، عاملًا رئيسيًا من عوامل ازدهار المدينة ونموِّها من الناحية الاقتصادية، وتطوُّر بنائها الديمغرافي، إذ إنَّ تجمُّع أعداد كبيرة من الحجَّاج سنويًا في محيط المدينة، كانت له آثار هامَّة، ليس فقط بما يحملونه معهم من بضائع ومنتوجات، وتحوُّل تجمُّعهم إلى سوق موسمي، بل إنَّ أهمِّية ذلك كانت تتعاظم مع استقرار عدد من الجماعات الإسلامية في الأحياء الخارجية للمدينة على امتداد الطريق المؤدِّية إلى جنوب دمشق[4]، ويمكن التأكيد على ذلك من خلال ما يورده ابن كنَّان الصالحي (ت: 1153هـ/ 1740م)،

---

(1) رافق؛ عبد الكريم، قافلة الحج الشامي وأهميتها في العهد العثماني، ص 5-28.

(2) Elisseff.N.art. Dimashk.E.I^2.Vol.2,p287.

(3) عن أهمِّية قافلة الحج انظر: ابن كنَّان ، محمَّد المواكب الإسلامية، ج1، ص 132.

(4) ابن كنَّان، محمَّد، الحوادث اليومية، ص 30. ريمون، المدن، ص 50؛ Marion. P. Midan, p. 90

بشأن استقرار عدد كبير من الحجَّاج الأوزبكستانيين في دمشق سنة 1118هـ/ 1706م[1]، وهي حادثة وإن كانت نادرة الحدوث بشكل جماعي، إلَّا أنَّ بقاء عدد من الحجَّاج المارِّين في دمشق واستقرارهم فيها كان أمرًا مألوفًا.

لم يكن تأثير القافلة مقصورًا على الناحية السكَّانية فقط، بل إنَّ تجمُّع الحجَّاج من أقاليم شتَّى، كان يعدُّ سببًا رئيسًا في انتعاش أسواق وساحات أخذت تتحوَّل مع مرور الوقت وفي كلِّ عام إلى أسواق موسمية كبرى[2].

ويشير السجلُّ الشرعي إلى أنَّ عددًا من الحجَّاج كانوا يحملون معهم منتوجات مختلفة من بلادهم، حتَّى إذا وصلوا دمشق نهضوا ببيعها أو عرض جزء منها في أسواق المدينة[3].

يضاف إلى ذلك ما كانت توفِّره القافلة لعدد من أبناء المدينة، من فرص عمل متعدِّدة في خدمة القافلة. إذ كان عدد من أبناء المدينة ينتظرون موسم القافلة لمرافقتها وتقديم خدماتهم للحجَّاج تحت مظلَّة متعهِّدي القافلة، ومن هؤلاء من يعمل في نقل البضائع، وتجهيز الخيول، وسقاية الحجَّاج[4]، وشدِّ البضائع[5] وطهي الطعام[6]، وعكم الجمال[7]، ومراقبة الخيام، وغيرها من الحِرف[8].

وقد ارتبطت هذه الطوائف مع بعضها نتيجة لاعتمادها على تدرُّج الخدمة وتسلسلها، كما أنَّ مقدار الربح والاستثمار كان مرتبطًا بطبيعة الحجَّاج ومستواهم الاقتصادي، وضمان أمن القافلة وسلامتها[9]، من اعتداءات قبائل البدو.

---

(1) ابن كنَّان، محمَّد، الحوادث اليومية، ص 114، 115. وحول قافلة الحجِّ وتنظيمها وموقف الدولة العثمانية منها انظر: Suraiya Faroghi. Dilgrims and Sultans The Hajj under the ottoman, pp. 55 -57.

(2) حول خطِّ سير القافلة وتطوُّرها من العصر المملوكي وحتَّى الفترة التي يغطِّيها الفصل انظر: العمري، ابن فضل الله ، مسالك الأبصار في ممالك الأمصار، السفر الثاني، ص 36، وقارن مع: ابن كنَّان، المواكب، ج2، ص 112. سميلنسكايا، ايرينا، البنى الاقتصادية والاجتماعية في المشرق العربي، ص 179. سوفاجيه، جان، دمشق الشام لمحة تاريخية، ترجمة فؤاد البستاني، ص 102.

(3) سجل 37 (مخلفات) حجة 192، ص 73، 14 رجب 1132هـ/ 1719م.

سجل 68، (مخلفات) حجة 54، ص 62، 7 صفر 1124هـ/ 1731م.

(4) القاسمي، محمَّد، قاموس، ج1، ص 114، 156، 185، ج2، ص 319.

(5) المصدر نفسه، ج2، ص 465.

(6) المصدر نفسه، ج2، ص 280.

(7) المصدر نفسه، ج2، ص 319، والعكام يستخدم بأجر معلوم ليقود الجمل الذي يسلمه إياه المقوّم ويتولّى خدمة الركاب عليه.

(8) القاسمي، محمَّد، قاموس، ج2، ص 474، وهناك المهاترة والطباخين، وغيرهم.

(9) حول أمن القافلة وأحوال الحج انظر: ابن كنَّان، الحوادث، ص. ص 72، 92، 172، 27، حيث يذكر أحوال =

الفعاليات الاقتصادية

أ- الأسواق

أنشئت الأسواق في دمشق ونمت بشكل موازٍ مع التغيُّرات والتحوُّلات السياسية التي عاصرتها المدينة قبل العصر العثماني وخلاله[1]، وحتَّى اليوم لا تزال دمشق تحتفظ بموروث وتراث غنِّي من الأسواق التي انتشرت في أحيائها المختلفة، وأصبحت تعبِّر عن النسيج العمراني وحجم النشاط التجاري الذي ساد المدينة خلال القرن 12هـ/ 18م وانتقالًا إلى القرن 13هـ/ 19م[2].

أقيمت خلال العهد العثماني مجموعة من الأسواق والمرافق، شيَّدها بعض الولاة[3]، هذا إلى جانب عدد من الأسواق المؤقَّتة التي يُشير إلى انعقادها السجلُّ الشرعي، ومنها: سوق الجمعة قرب محلَّة اليهود[4]، وسوق الأحد[5] والتي كانت تشكِّل أحد أوجه النشاط الاقتصادي.

حتَّى النصف الأوَّل من القرن 14هـ/ 20م، يذكر نعمان القساطلي (ت: 1338هـ/ 1919م) بأنَّ دمشق كانت تشهد ما يقارب مئة وخمسين سوقًا[6]، كانت معظمها قد تركَّزت داخل سور المدينة، وهو ما تؤكِّده مشاهدات بعض الرحَّالة الأجانب، ومدوَّنات التاريخ المحلِّي التي تقود

= الحج في مطلع كل سنة من حوادثه، وعن قافلة الحج الشامي جنوب دمشق في العهد العثماني، انظر: أصلان، مأمون ، قافلة الحج الشامي عبر الأردن؛ وراجع دراسة إبراهيم الشرعة، موقف القبائل البدوية من قافلة الحج في القرنيين السابع عشر والثامن عشر الميلاديين، ص: 319-347.

(1) عن أسواق دمشق قبل العهد العثماني انظر: عبد الهادي، يوسف نزهة الرفاق عن شرح حال الأسواق، ص 37، انظر كذلك: فيصل بني حمد، الأسواق الشامية في العصر المملوكي، ص 72.

(2) Zouhair.Gazzal.L-Economie Politugede Damas Durant. p. 81.

(3) من هذه الأسواق، سوق السنانية الذي بناه والي دمشق، سنان باشا (ت: 1104هـ/ 1605م) وسوق الدرويشيه الذي بناه درويش باشا (ت: 1063هـ/ 1652م) وسوق محمَّد باشا العظم (ت: 1185هـ/ 1771م)، انظر: عن هذه الأسواق في المحبي، محمَّد خلاصة الأثر، ج2، ص 56. ابن جمعه، محمَّد، الباشات والقضاة، ص 26. سجل 32 حجة 352، 14 جمادى الأولى 1120هـ/ 1708م. سجل 41، حجة 223، ص 144، 25 صفر 1133هـ/ 1720م.

(4) سجل 82 حجة 325، ص 172، 9 رمضان، 1149هـ/ 1736م، تشير كتب الخطط إلى أنَّ سوق الجمعة كان يعقد بجانب قلعة دمشق في حين تبدو إشارة السجل أعلاه إلى أنَّه كان يُعقد سوق آخر في محلَّة اليهود، التي عرفت بحارة السمرة وتقع بين جسر تورا وجوبر وكان يسكنها يهود سمرة. راجع: العلبي، أكرم، خطط دمشق، ص436.

(5) سجل 113، حجة 182، ص 67، 7 شوال 1139هـ/ 1726م.

(6) القساطلي، نعمان، الروضة الغنَّاء في دمشق الفيحاء، ص 117.

إلى القرن الثامن عشر[1]، ومن هذه الأسواق التي ترد في وثائق وحجج البيع والشراء المدوَّنة في السجلّ الشرعي: سوق الذراع الذي تباع فيه الثياب النفيسة والكتَّان والحرير[2]، وسوق الذهبيين (الصاغة)[3]، وسوق الحرير[4]، وسوق العنبرانيين عند باب الجامع الأموي[5] وسوق الكوَّافين الذي تصنع فيه الكوف، ويقع عند باب البريد[6]، وسوق الوراقين، وسوق الكتبيين[7] الذي تباع فيه الكتب، وسوق السلاح[8]، وسوق الفرانيين وأسواق السكريين[9]، وسوق الصابونيين وسوق الدقاقين وسوق النجارين، وغيرها من الأسواق الأخرى[10].

بُنيت تلك الأسواق وفق طراز عمراني يتناسب والمهام التي تقوم بها، أو ما يعرض فيها من بضائع، كما أنَّ بعضها كان يشكِّل ساحات مكشوفة، كسوق الجمال في حي الميدان[11]، وسوق الغنم والبقر، وسوق الجمعة قرب قلعة دمشق. واستمرَّت هذه الأسواق حتَّى عهود متأخِّرة، ويبدو أنَّها لم تتميَّز عن الفترة التي ذكرها بها يوسف بن عبد الهادي الذي عاش في القرن 9هـ/ 15م[12] وهذا ما يؤكِّد استمراريتها خلال القرن الثامن عشر، وهو ما أشار له الرحالة اليكس راسل الذي زار المنطقة نهاية القرن 12هـ/ 18م[13].

---

(1) سجل 26، حجة 505، ص 323، 1 ربيع الأوَّل 1112هـ/ 1700م. ابن كنَّان، محمَّد، الحوادث، ص4. وانظر: Porter,J.L. Five Years in Damascus, p. 58.

(2) سجل 112، حجة 313، ص 125، 14 صفر 1158هـ/ 1745م.

(3) سجل 57، حجة 114، ص 52، 16 شوال، 1142هـ/ 1730 م.

(4) سجل 82، حجة 72، ص 41، 16 ذي القعدة، 1135هـ/ 1752م.

(5) سجل 94، حجة 58، ص 72، 14 محرم 1150هـ/ 1737م.

(6) سجل 72، حجة 31، ص 13، 2 ربيع الثاني، 1147هـ/ 1734م.

(7) سجل 61، حجة 120، ص 55، 9 صفر 1142هـ/ 1729م.

(8) سجل 64، حجة 92، ص 57، 6 شوال 1139هـ/ 1726م.

(9) سجل 58، حجة 113، ص 76، 14 ربيع الأوَّل 1138هـ/ 1725م.

(10) انظر عن هذه الأسواق في السجلات التالية:

- سجل 152 حجة 64، ص 37، 16 صفر 1171هـ/ 1756م.
- سجل 131، حجة 221، ص 90، 3 ربيع الأوَّل 1124هـ/ 1712م.
- سجل 92، حجة 125، ص 70، 24 شوال 1135هـ/ 1752م.

(11) يقع حي الميدان إلى الجنوب الغربي من دمشق، وكان يقسم إلى ثلاثة أقسام هي: الميدان التحتاني، والوسطاني والفوقاني، وقد ازدهر هذا الحي بشكل ملحوظ خلال القرن 12هـ/ 18م، بسبب الحج، ونمو تجارة الحبوب بين دمشق وأجزائها الجنوبية، ومن الدراسات الجادة عن هذا الحي في القرن 12هـ/ 18م دراسة بريجيت مارينوا. انظر: Marino. B. Midan, pp. 90-95

(12) ابن عبد الهادي، يوسف، نزهة، ص: 33-34.

(13) Russell, Alex. The Natural History of Aleppo. Vol. 1, pp: 312-322. and see: Gazzal. Z. L. Econmme. P. 81 =

يُستدل من تمركز تلك الأسواق وتواجدها في مناطق محدَّدة، إضافة لتخصُّص بعضها في بيع سلع معيَّنة وتقاربها من مثيلاتها في السلعة نفسها ومتطلَّباتها، على وجود طابع الاختصاص المهني الدقيق لها. ولعلَّ أعداد الأسواق التي قاربت على 150 سوقًا يشكِّل دلالة على النشاط التجاري الملحوظ الذي كانت تشهده المدينة، كما أنَّ اقترابها من الجامع الأموي، ونفاذها إلى الشوارع المؤدِّية إليه، يدلُّ أيضًا على حركة تجارية نشطة في محيط المدينة. تلك الحركة التي عُبِّر عنها من خلال عمليات اقتصادية ومبادلات تجارية جيِّدة، ومن مظاهرها الحجم الكبير من الرهونات وتبادل السلع وتوزيع الحرف، لم تكن تخلو من المشاكل التي ميَّزت هذه الحركة بظاهرة بدت بوضوح من خلال السجلِّ الشرعي وهي الديون، والتي أرهقت المزارعين في القرى وأسهمت في هجرة جزء منها[1]، إذ تتكرَّر الحجج الشرعية المتعلِّقة بظاهرة القروض الشرعية والتي عجز الفلَّاحون عن سدادها، ما دفعهم إمَّا لبيع أراضيهم أو هجرتها أو التوقُّف عن زراعتها، وكان لذلك أثر مباشر في هجرة القرى المحيطة بدمشق ونموِّ المدينة حضريًا بفعل الوافدين الجدد.

أمَّا أخبار تلك الأسواق، فقد وفَّرت اليوميَّات الدمشقية إشارات دقيقة عن حركة البيع فيها، والتي يبدو أنَّها ارتبطت بمواسم ازدهار معيَّنة، إذ يبيِّن البديري الحلَّاق (ت: بعد 1175هـ/ 1762) أنَّ موسم الحجِّ في دمشق كان ينعكس على حركة السوق بشكل ملحوظ، وهو ينصُّ على ذلك بقوله: «يحدث جبر خاطر لعموم الناس فيها».[2]

لم يقف البديري ومعاصره ابن كنَّان وغيرهما عند هذا الحدِّ، بل عنوا جميعًا بأخبار تلك الأسواق وما يدور فيها من أحداث عامَّة (وأعمال شغب وفتن)[3]، كما أنَّهما يُبديان اهتمامًا واضحًا بمسألة ارتفاع الأسعار[4]، وإنعدام الرقابة على الأسواق، وحجب السلع واحتكارها

= وبلغ حجم قضايا الديون والقروض الشرعية الواردة في عشرة سجلات 591 حجة شرعية من أصل 4616 قضية تتضمنها تلك السجلات، أي ما نسبته 12.8٪. وانظر: مبيضين، مهند، أهل القلم ودورهم في الحياة الثقافية في دمشق، ص 36.

(1) انظر الملحق الخاص بقضايا القرى في السجل الشرعي.

(2) البديري، أحمد، حوادث دمشق، ص 60.

(3) ابن كنَّان، محمَّد، الحوادث اليومية، ص 78، 355، 362، 16، 258. البديري، أحمد، حوادث دمشق، ص 49، 57.

(4) ابن كنَّان، محمَّد، الحوادث اليومية، ص: 13، 106، 382، 473. البديري، أحمد، حوادث دمشق، ص: 4، 10، 25، 35، 37، 41، 63، 74، 81، 82، 84، 88، 97، 98، 106، 108، 125، 126، 129، 130، 151، 152، 163، 166، 182، 185، 197، 199، 216، 217، 229، 232، 233.

عن الناس، من أجل رفع أسعارها[1]، ويبدو أنَّ تلك العملية لم تكن هاجس كبار التجار فقط، بل اشترك فيها بعض الولاة، والعلماء أحيانًا[2]، الأمر الذي جعل مثل هؤلاء عرضة للنقد من قبل أولئك المؤرِّخين وأهل المدينة.

بشكل عام، تبدو صورة الأسواق العامَّة في دمشق سلبية في المصادر المحلِّية، يظهر ذلك النقد عبر جملة من العبارات، التي يغلب عليها طابع التحسُّر والندم وخوف العاقبة ومنها: «اللَّهم فرج آمين»[3] وفي قول البديري الحلاَّق «**أرسل الوالي خلف بائعي القمح وهدَّدهم فحلفوا له ما عندهم شيء، فقال لهم أنا عندي قمح كثير في حماه فاطلبوه... فجاءهم من حماه وباعوه على السعر الواقع وقد طالت هذه الشدَّة**»[4]. وفي صيغة أخرى: «**وكلُّ شيء زاد عن حدِّه والحكم لله في عبده وقد دام هذا الأمر سبعة أو ثمَّانية أعوام، لكن في هذا العام زاد الحدُّ، والحكّام لم يفتِّشوا على الرعية**»، و«**الحكم لله**»، «**والغلاء بهذه الدرجة ... ولكن من قلَّة التفتيش والالتفات**»[5]. هذه الإشارات التي تقدِّمها اليوميَّات الدمشقية لا تقدِّم صورة الأسواق العامَّة وحسب، بقدر ما توجِّه النقد إلى السلطة القائمة وغياب الرقابة والفوضى. وهو ما يرتبط بوجود الوالي وسلطته داخل المدينة من دون أن تنفصل هذه الصورة عن صراع العصبيات المحلِّية من عسكر وعلماء وقادة ووجهاء محلِّيين[6].

ب- الخانات والقيساريات والوكالات

يعود إنشاء القيساريات والخانات والوكالات في مدينة دمشق إلى عصور إسلامية متقدِّمة عن الفترة التي يتضمَّنها هذا الفصل[7]، وساهم تطوُّرها التاريخي في أن تضطلع بدور موازٍ

---

(1) البديري، أحمد، حوادث دمشق ص 185.

(2) ابن كنَّان، محمَّد، الحوادث اليومية ، ص: 13، 106، 382. البديري، أحمد، حوادث دمشق، ص 4، 10، ويقول البديري بحقِّ مفتي دمشق حامد العمادي في أحداث سنة 1162هـ» ... وبلغني أن حامد العمادي مفتي دمشق كان قد خزن القمح مثل الأكابر والأعيان الذين لا يخافون الرحمن الرحيم، وأن الكيالة جاءوا إليه وقالوا نبيع الحنطة كل غرارة بخمسين قرشاً فقال لهم: مهلًا لعلَّ الثمن يزيد، فإذا كان مفتي المسلمين ما عنده شفقة على خلق الله فلا تعتب على غيره»، ص 127.

(3) البديري، أحمد، حوادث دمشق ص: 193.

(4) البديري، أحمد، حوادث دمشق ص 47.

(5) البديري، أحمد، حوادث دمشق ص 49، 82، 111.

(6) عن الأخلاق والمجتمع، انظر: سامر عكاش، يوميَّات شامية قراءة في التاريخ الثقافي لدمشق العمثانية في القرن التاسع عشر، بيسان للنشر، ط1، دمشق، 2014.

(7) حول خانات دمشق وتاريخها انظر: الريحاوي، عبدالقادر، خانات دمشق، المجلد25، 1972، ص49-50. العلبي، خطط، ص469-486.

للأسواق في حركة التجارة اليومية أو تشغيل تجارة المواسم، التي تُعرض فيها سلع محددة حتَّى سمِّيت بها.

تشير الوثائق وكتب التراجم خلال الفترة التي يتناولها هذا الفصل إلى مصطلحي الخان والقيسارية بالدلالة نفسها[1] رغم الفرق بين المصطلحين[2]، ويبدو أنَّها غدت نقاط تجمُّع اقتصادية نشطة، شهدت مختلف أنواع المبادلات التجارية، وكان لكلٍّ منها وحسبما يستدلُّ من السجلِّ الشرعي قضاياها الخاصة[3]. ومن الخانات التي تذكرها اليوميَّات خان الحرمين[4]، وخان الأكراد[5]، وخان الأبارين[6]، وخان الليمون[7]. هذا إلى جانب إشارات طفيفة لوجود مرافق اقتصادية تحت مسمَّى الوكالة، فالمؤرِّخ المحبي يعطي الوكالات والخان الدلالة نفسها، وتعامل معها أحيانًا بمعنى «النزل خانة» الذي هو أقرب في هذه الحالة إلى مفهوم القيسارية[8].

بُنيت الخانات وفق طراز معماري وهندسي واحد، بحيث كانت المخازن في الطابق الأرضي، بينما يحوي الطابق العلوي على حجرات مسقوفة بالقباب، لها عقود، وكان بعض التجَّار يقيم، إلى حين الانتهاء من عرض بضائعهم وتسديد أثمانها[9]، أو ربَّما أنَّهم وفدوا إليها في حال قدومهم للمدينة لسداد ديونهم.

---

(1) تذكر السجلَّات لفظ الخان والقيسارية من دون تفريق بين المقرونين، انظر: سجل 112، حجة 74، ص 32، 15 شوال 1158هـ/ 1740م، ويرد ذكر قيسارية البنت في الصالحية ثم تعود فتذكر بخان البنت، وانظر: المحبي، خلاصة، ج4، ص 356.

(2) حول الفرق بين الخان والقيسارية انظر: Elisseeff, N art. Khan, E.I2. Vol. 4. p1010-1017. وانظر كذلك في: الأرناؤوط، محَمَّد، معطيات عن تاريخ دمشق وبلاد الشام الجنوبية.

(3) سجل 154، حجة 425، ص 242، 15 شعبان 1173هـ/ 1759م سجل 134 حجة 72، ص 37 14 شوال 1164هـ/ 1750م، سجل 56، حجة 52، ص 23، 16 شعبان 1138هـ/ 1725م وانظر كذلك في:
Pasccaul. J Familes et fortunes apanas 450 fogrs Damascains,. P. 878

(4) البديري، أحمد، حوادث دمشق، ص167، ويقع هذا الخان في محلة باب البريد.

(5) البديري، أحمد، حوادث دمشق، ص 146.

(6) ابن كنَّان، محمَّد، الحوادث اليومية، ص117، ويقع في سوق الأبارين، انظر: ابن كنَّان، محمَّد، الحوادث اليومية، ص 156.

(7) ابن كنَّان، محمَّد، الحوادث اليومية، ص 367، وحسب إشارة ابن كنَّان فقد جدد هذا الخان سنة 1139هـ/ 1726م من قبل والي دمشق، «فجعله عشرة مسالخ يذبح بها اللحم لا في غيره».

(8) انظر: المحبي، خلاصة، ج4، ص356. 357.

(9) لوران، درافيو، وصف دمشق في القرن السابع عشر، ص 30. الريحاوي، عبد القادر، خانات دمشق. المجلَّد 25، 1972، ص49-50.

ولم يقتصر دور الخانات في حركة التجارة، فقد أُلحق ببعضها زوايا للفقراء يأوون إليها، واستخدم بعضها لإيواء الغرباء والرواحل، ومن هذه الخانات ما وجد في سوق الخيل ومنطقة العمارة التي كانت تمتدُّ من باب توما قبلة إلى نهر تورا شمالاً[1]، ولم يقتصر وجود الخانات داخل سور المدينة، بل إنَّها وجدت في الأرياف وعلى طرق التجارة[2]، ولكنَّ النشاط الأكثر فاعلية كان حسب ما تشير إليه المصادر التي انتشرت داخل محيط المدينة.

تشير وثائق السجلِّ الشرعي إلى أشكال المبادلات التجارية والقضايا الاقتصادية في بعض الخانات، التي كانت حسب وثائق السجلَّات الشرعية تشهد حركة تجارية نشطة، ويمكن الاستدلال من حجم الوثائق ونوعيَّتها على تفوُّق بعض الخانات عن غيرها، ومن هذه الخانات التي جاءت على ذكرها وثائق السجلِّ الشرعي، خان البطِّيخ الذي يقع في منطقة العوينية في الجهة القبلية من المدرسة الشامية البرانية[3]، وهناك خان الجوخية الذي عُرف باسم آخر وهو خان الخيَّاطين، وذلك بسبب وقوعه في سوق الخيَّاطين، وقد بُني في بداية الحكم العثماني سنة 960هـ/ 1552م، على يد الوالي أحمد شمسي باشا.[4]

ومن الخانات التي شُيِّدت في القرن 11هـ/ 17م خان الزيت، وحسب مادَّة السجلِّ الشرعي فقد بُني الخان في سوق مدحت باشا، وقد ذكره المؤرِّخ محمد أمين المحبي (ت:1111هـ/ 1699م)[5]، ويظهر أنَّ النشاط الذي عرفته مثل هذه المنشآت دفع بعض ولاة دمشق خلال هذه الفترة للتوجُّه نحو بناء الخانات، ومنهم أسعد باشا العظم الذي بنى خانًا باسمه[6]، وكذلك الحال مع سليمان باشا العظم، الأمر الذي يؤكِّد دور هذه المنشآت في إنماء وتكوين ثروة ومصادر دخل جديدة لبعض الولاة.

ولم يكن التوجُّه نحو تشييد الخانات ذا أثر على الجهة التي شيَّدتها، بل إنَّها كمرافق

---

(1) انظر حول حارات دمشق ومنطقة العمارة في: نعيسة، يوسف، مجتمع مدينة دمشق، ج1، ص75-86.

(2) المرادي، محمَّد خليل، سلك الدرر، ج4، ص23، ص48.

(3) بنيت هذه المدرسة سنة 582هـ/ 1186م على يد خاتون ستّ الشام، ابنة نجم الدين أيُّوب، وتعدُّ هذه المدرسة من كبرى مدارس الشافعية في دمشق، وهي لا تزال موجودة حتَّى اليوم ويجري حاليًا ترميمها. انظر عنها في: النعيمي؛ عبد القادر، الدراس في تاريخ المدارس ج1 ص208.

(4) انظر سجل 156، حجة 134، ص43، 11 جمادى الأوَّلى1132هـ/ 1729م

(5) المحبي، خلاصة، ج2، ص25. وانظر: سجل 133، حجة 48، ص23، 3 ربيع الأوَّل 1165 هـ/ 1751م.

(6) حكم أسعد باشا العظم أطول مدَّة خلال القرن 12هـ/ 18م مقارنة مع غيره، بدأ حكمه سنة 1156هـ/ 1743م، واستمرَّ فيه حتَّى عام 1171هـ/ 1757م، انظر: البديري، أحمد، حوادث دمشق، ص 219. ,Rafeq. A. province
pp: 75-85 and see: Shamirs.S. Asad. Vol. XXVI, 193, p:9

خدمات اقتصادية، كانت توفر عددًا من الوظائف والمهن لأبناء المجتمع، فطبيعة الدور التجاري لها يقتضي توفُّر الحمالين والعتَّالين الذين يقومون بنقل البضائع، والبوَّابين ورجال الحراسة الذين كان أغلبهم من المغاربة، وإقامة التجَّار للراحة في حجرات الخانات كانت تستلزم وجود مؤدِّي الخدمات مثل: بائعي الشراب وطهاة الطعام وصنَّاع القهوة وحاملي الغلايين ومعدِّي النرجيلة، ومثل هذه المهن تشير إلى وجودها وثائق السجل الشرعي، إلى جانب مشاهدات الرحَّالة الأجانب[1].

ج. شيوخ الكارات

بمثل ما يرصد السجل الشرعي الوظائف والأجور والمبايعات، فإنَّه يعكس لنا أحوال الطوائف والحرف والصناعات الدمشقية، والتراتب الحرفي لكلِّ طائفة أو صنف من الأصناف، فهذا أحمد بن صادق بيك بن أحمد يعيِّن بنصف وظيفة خدمة الدلالة والوزن للأفران، وكامل خدمة الدلالة للبنِّ بدمشق[2]، وإذا اتَّصل أمر الأفران وخدمة الدلالة فيها بأمر البُنِّ، فإنَّه يحيلنا إلى إشارة ثالثة في السجل الشرعي عن طواحين القمح وما كان يوقف عليها، كما هو حال طاحونة «دار الرحى» الكائنة في «ظاهر دمشق» والتي أشار السجل إلى وقف مرغوط بيك المسجَّل على جميع الطاحونة، بمحلَّة عين الوراقة»[3]، والطائفة متخصصة، لذلك فقد ادَّعى المنتسبون لطائفة «بائعي الحور» لدى القاضي الشرعي بأنَّ حرفتهم مختصَّة بهم، وأنَّ أصحاب الحرف بدبغ الحور لنفسه ولأهل حرفته وأنَّهم منتظمون في صناعة ذلك، وأنَّ المذكورين من أبناء الحرف الأخرى السروجية، الفلاشته، لا ينتمون إليهم ولا يجوز أن يقاسموهم مهامهم في حرفتهم، ولا يجب أن يؤخذ منهم رسوم مضاعفة» [4].

وفي السياق ذاته، احتجَّ أبناء طائفة الخروسية وبائعو الخردة والأقمشة حول الرسوم التي يدفعونها لمحافظ دمشق، وذلك «لأنَّ بعض الطوائف تابعة لبعضها»[5]. وتتابع قضايا الحرف والخدمات الخاصَّة بالحجِّ في السجل الشرعي حضورها، فقد اشتكت جماعة السقَّايين بقلعة الأخيضر إلى قاضي دمشق، وهنا نص الحجَّة:

---

(1) Russel.Op.Cit.Vol.1.pp18-20.and see: Porter, J.L.Op.Cit.Vol.1.p33.

(2) سجل (148)، حجة (519)، ص 193، 14 رجب 1142ه/ 1729م.

(3) سجل (98)، حجة (178)، ص 117، غير مؤرخة.

(4) سجل (29)، حجة (287)، ص 139، 24 ذي القعدة 1119ه/ 1707م.

(5) سجل (29)، حجة (388)، ص 174، 13 محرم 1120ه/ 1708م.

[حضر جماعة من السقَّايين بقلعة الأخيضر، بطريق الحجِّ الشريف الشامي، وأنَّهم قبضوا عن عمر بن عبد الرحمن القاري الناظر على وقف جدِّه المرحوم الشيخ عيسى القاري مبلغًا 24 غرش مرتب وقف جدِّه، لمن يكون ساقيًا ببركة الأخيضر نضير نزح الماء بالدلو من البئر إلى البركة، وأنَّهم العام الماضي لم ينالوا حصَّتهم من المبلغ المذكور] (1).

دلالة النصِّ السابق متعدِّدة حول طبيعة الخدمات المقدَّمة للحجَّاج، والأوقاف التي كانت تتولَّى الإنفاق على خدمات الحجِّ، والمبالغ المخصَّصة لحرفة وخدمة السقاية، لكنَّها أيضًا تثبت الإسهام الأهلي من قِبل الميسورين في خدمة الحجَّاج المرافقين للركب الشامي.

والمحكمة قد تكون آمرة لخدمة الناس من قبل الطوائف في حالة المرض، فقد حضر لمجلس الشرع الشريف «الأخوة الأشقَّاء إبراهيم بن محمد وكريمة أولاد داود وأفادوا بأنَّ شقيقهم عبد الفتَّاح حصل له داء يصير عنه بالصببة في رجله اليمنى وقد تزيد، فالتمسوا من الحاكم استشارة الجرَّاحين، فسأل الشيخ عبد الرحمن بن محمد الخطيب الأستاذ أحمد بن مصطفى أوده باشي، شيخ الحرفة، وخالد بشه بن علي وحسين بن مصطفى وأحمد بن إبراهيم ومحمد بن أحمد بن علي من الجرَّاحين، وأخبروا أنَّ الداء غير قابل للبراء(2).

وحين يكون هناك نزاع على زعامة أو مشيخة أو حرفة، فإنَّ الحلول مكان الشيخ الموجود له شروطه وأسبابه، والتي إن لم تتوفَّر فإنَّ دعوى أبطال المشيخة لا تكون مقبولة، حيث أنَّ هناك أوامر ترد لشيخ الحرفة بتولِّي مشيخته، وهؤلاء الشيوخ لهم عصبيات وعلاقات، ولا يمكن أن يبطل القاضي مشيخة أحد إلَّا بأسباب موجبة، ومن ذلك أنَّ أحد الحرفيين من خارج حرفة القواقبيين أراد أن يحلَّ محلَّ شيخها، ولم يستطيع ذلك حسب النصِّ الآتي:

[أبقى مولانا... الحاج عبد الحق بن منصور شيخًا على جميع القواقبين بدمشق، إبقاءً معتبرًا لكونه منصوب في الخدمة المذكورة بموجب الأمر السلطاني، ويمنع من تركها ومعارضته في ذلك، لكونه منصوب بموجب سندات مخلَّدة بيده، من جملتها البيورلدي الوارد من قبل قائمقام أهالي الحرفة المرقومة، وأنَّ المدَّعي لم يتقدَّم له مباشرة الخدمة، لكونه حديث السنِّ ولم يكن من أهلها وأنَّ البعض يعارضه] (3).

إذن هناك أمر سلطاني يجب أن يكون قد ورد لتنصيب شيخ الحرفة، وهناك أمر آخر

(1) سجل (61)، حجة (254)، ص 125، 20 شعبان 1143هـ/ 1730م.

(2) سجل (61)، حجة (528)، ص 254، ختام ذي الحجة 1142هـ/ 1729م.

(3) سجل (61)، حجة (561)، ص 274، 11 محرم 1143هـ/ 1730م.

بيورلدي من والي المدينة، بالإضافة لذلك فإنَّ عدم رضى أهالي الحرفة على المتقدِّم الجديد للمشيخة وحداثة سنه، حالت دون عزل الشيخ المنصوب بأمر سلطاني، ولكون الخدمة لم تتقدَّم إليه بالشكل المعتبر.

لكنَّ جهود العزل قد تنجح على مستوى أقلَّ من منصب «شيخ الحرفة»، وهذا لا يحدث إلا بتوفُّر الأسباب الموجبة لذلك، وهو ما حدث في خدمة «الدلالة» الخاصَّة بالبن سنة 1143هـ/ 1730م حيث ورد في السجل ما يلي:

> [لدى مولانا... ادَّعى طائفة العطَّارين بدمشق بأنَّ المدَّعى عليه مقصِّر في خدمة دلالية البُن بدمشق بعد فراغ والده بموجب الأمر الصادر من قاضي القضاة محمد أفندي المؤرَّخ 20 رجب، وأنَّ الحاج درويش والجماعة يعارضونه في ذلك بناءً على أنَّها تابعة لمشيخة العطَّارين، والحال أنَّ الخدمة المرقومة ليست تابعة لمشيخة العطَّارين... وبعد أن ثبت تقصيره وعدم حرصه أمر مولانا بفراغه عنها...][1].

التجارة وحجم الثروة

بالرغم من توفُّر أسباب الازدهار الاقتصادي لمدينة دمشق أوائل القرن 12هـ/ 18م، إلَّا أنَّها فيما يبدو لم تصل إلى الدور الذي كانت تلعبه مدينة حلب في مجال التجارة الإقليمية[2]، فدمشق كانت عرضة للكساد الاقتصادي الذي ارتبط بتهديدات وسطوة البدو واعتدائهم المتكرِّر على قافلة الحجِّ الشامي[3].

وتشير وثائق السجلِّ الشرعي إلى أنَّ هناك سلعًا كانت تُجلب من مدن جبل لبنان والبقاع،

---

(1) سجل (61)، حجة (562)، ص 275، 16 ذي الحجة 1143هـ/ 1730م.

(2) البديري؛ أحمد، حوادث دمشق، ص 60، ويشير البديري هنا إلى قافلة التجارة التي كانت تمرُّ بين بغداد ودمشق، ص 24، ابن كنَّان، محمَّد، المواكب، ج2، ص 114. ويستدلُّ من السجل الشرعي على علاقات تجارية مع البصرة، انظر: سجل 61، حجة 524، 251، 4 ذي الحجة 1142هـ/ 1729م.
وانظر في: Rafiq. A. province p.78.and see, Abdel Nour.Introduction, p.53; Karl Barbir. Getting and spending in Eighteen century, p. 68.

(3) حول الاعتداءات المتكرِّرة على قافلة الحجِّ انظر: ابن كنَّان، الحوادث، ص: 7، 29، 31، 88. البديري، أحمد، حوادث دمشق، ص 182. وراجع: الشرعة، إبراهيم، موقف القبائل البدوية، ص336.

كما تردُ بعض القضايا التي تدلُّ على وجود حوالات تجارية بين مدن الساحل الشامي وفلسطين ودمشق[1]، ومن شأن مثل هذا النوع من العلاقة التجارية (التي قد ينجم عنها نمط من المنافسة التجارية) أن يؤثِّر على الاقتصاد المحلِّي الدمشقي.

تدلُّ المادة التي ترصدها وثائق السجلِّ الشرعي على مجموعة كبيرة من قضايا البيع والشراء[2]، ما يشير إلى حركة نشطة في مجال البيع والشراء وتبادل السلع المحلِّية، كما يستدلُّ من إحدى الحجج على وجود نظام للحوالات المالية بين بعض تجَّار طرابلس ودمشق[3]، في حين تشير بعض الوثائق الخاصَّة بالعائلات والحكَّام إلى أنَّهم استطاعوا شراء مجموعة واسعة من الأرض الزراعية الخصبة في القرى المجاورة لدمشق[4]، هذا إلى جانب مشاركتهم في حركة البيع والنشاط التجاري من خلال القوافل أو تنظيم عمليات شراء السلع واحتكارها عن العامَّة[5]، وهنا يمكن الربط بين المكانة الاجتماعية للفئات الميسورة في دمشق، وتكوين الثروات الضخمة داخل فئة رجال الإدارة والأعيان وبعض الأسر الدينية.

يذكر المؤرِّخ محمد خليل المرادي (ت: 1206هـ/ 1788م) في تراجمه لبعض أعيان دمشق عددًا من العلماء الذين عملوا في مجالات متعدِّدة، كالحِرف والتجارة والحسابات وبيع الأراضي، أو ما يعبَّر عنه «بالمحاسبات والمقاطعات»، ولعلَّ هذا يشير إلى دور هام مارسه الوسطاء في عمليات بيع العقارات المحلِّية، والذين استطاعوا وحسب تراجمهم تكوين ثروة

---

(1) القاسمي، قاموس، ج1، ص 79. Abdel-Nour. Introduction, p 45

(2) البديري، أحمد، حوادث دمشق، ص 28.

(3) Volney. J. F. Travels, Vol.I I pp173-229. Rafeq. A. Province, p. 121, Abdel. Nour. Introduction, pp. 345-355

ويشير السجل الشرعي إلى تلك العلاقة: «لدى مولانا ... حضر الخليل بن الحاج حمد بن رباح الوكيل الشرعي عن ... الى نقل 16 غرارة سمسم من نابلس وحملها على حماله الجارية ويوصلها الى دمشق وله عن ذلك 60 غرش فضَّة صحيحة» 11 سجل 48، حجة 77، ص 116، 9 جمادى الثانية 1170هـ/ 1756م. وانظر كذلك السجل نفسه حجة 296، ص 196، 11 ذي القعدة 1133هـ/ 1749م ونصُّ الحجَّة ما يلي: «لدى مولانا حضر... صالح بن شعبان بن مفرج وأحضر معه مصطفى بن حتَّى وقرَّر أنَّ السيِّد حسين بن ابراهيم النسطاري الغايب عن دمشق بمدينة نابلس أنَّه حضر في تاريخه وأعلمه أن يبتاع له قِلى من الشيخ مصطفى وأتباعه، وأن يرسل ذلك إلى شريكه الموكل الحاج محمَّد القدمجي المقيم بمدينة عكا ويدفع له ذلك تعويضًا».

(4) من خلال فهرسة مجموعة من سجلاَّت دمشق الشرعية خلال الفترة التي يغطِّيها الفصل بلغ حجم وثائق البيع والشراء الواردة في السجلاَّت 1044 وثيقة من أصل 4616، أي ما نسبته 22.8٪ من مجموع الوثائق.

(5) البديري؛ أحمد، حوادث دمشق، ص: 74، 82، 111.

ضخمة ومنهم اسماعيل بن علي المنيني (ت: 1192هـ/ 1771م)[1]، ومحمد بن مصطفى النابلسي (ت: 1191هـ/ 1743)[2] واسماعيل بن تاج الدين المحاسني[3].

وإذا ما أضيف مثل هؤلاء الوسطاء، وعبر علاقاتهم الواسعة، إلى مجموعة من أصحاب المصالح التجارية، والمتمتِّعين بالثروة وأصحاب النفوذ القويّ داخل المجتمع المحلّي[4]، فإنَّهم سيعبِّرون في النهاية عن مجموعة متنفِّذة في المجتمع، باستطاعتها تقويض حكم أيّ والٍ إذا لم يراعِ مصالحهم التجارية، وهذا ما تؤكِّده مصادر اليوميَّات الدمشقية المحلِّية[5].

أمَّا داخل الحارات والأحياء، فهناك مجموعة من الحوانيت الصغيرة، وصغار التجَّار الذين امتلكوا ثروة بسيطة، واتَّسمت تجارتهم بعدم الاستقرار والافتقار إلى الربح المتميِّز جرَّاء الاضطرابات العامَّة وتعرُّض محلَّاتهم للمصادرة أو النهب[6].

تمدُّنا مادَّة السجلِّ الشرعي بمعلومات دقيقة من خلال مخلَّفات (تركات) أصحاب المتاجر والحوانيت، التي تحدِّد فيها حجم رأس المال ونوعيَّة المواد التي يتمُّ بيعها، وشراؤها في المتجر الواحد[7]، كما أنَّها تحدِّد حجم السلع ومواقع الدكاكين، ما يساعد في التعرُّف إلى الأماكن النشطة تجاريًا، وذلك استنادًا إلى تقدير أعداد المرافق التجارية الموجودة في كلِّ محلَّة أو حارة إذا ما تمَّ رصدها.

بالرغم من وجود حركة تجارية إقليمية نشطة بين دمشق وغيرها من المدن، وفي بعض أسواق المدينة وفي أوقات موسمية، إلَّا أنَّ دراسة الحياة الاقتصادية في الفترة التي يغطِّيها

---

(1) المرادي؛ محمَّد خليل، سلك الدرر، ص45.

(2) المصدر نفسه، ج4، ص: 3، 112.

(3) المصدر نفسه، ج4، ص 155، ويبدو أن آل المحاسني ارتبطوا بعلاقات تجارية مع آل العظم وهو ما تشير إليه الوثائق الخاصَّة بوكالاتهم التي منحها إيَّاهم ولاة أسرة العظم. انظر، وثيقة رقم 66/ ب، 16 رجب 1163هـ/ 1749م، مجموعة الوثائق العربية/ القسم العثماني، مديرية الوثائق السورية.

(4) البديري؛ أحمد، حوادث دمشق، ص50، المرادي. محمَّد خليل، سلك الدرر، ج1 ص: 32، 117، 250، ح2، ص 112، 243، 414، ج4، ص 14. Marino. B. mida'n, p. 147

(5) ابن كنَّان، محمَّد، الحوادث اليومية، ص 78، 79.

(6) البديري، أحمد، حوادث دمشق، ص 172. ابن الصديق، حسن، غرائب البدائع، ص 92.

(7) يلاحظ على مادَّة السجل الشرعي أنَّها تقدِّم إحصاء للموجودات داخل البيوت، والدكاكين فقط، وهي بذلك تستثني العقارات والأراضي، انظر سجل 54 (مخلَّفات) حجة 2، ص 2، 18 محرم 1138هـ/ 1725م، سجل 131، حجة 294، ص 239، 7 ربيع الأوَّل 1136هـ/ 1722م «مخلَّفات عبد الله بن شمس الدين المصري وما وجد في دكَّانه التي يبيع فيها الورق».

الفصل تواجه ظاهرتين ميَّزتا حركة التجارة المحلِّية، وهما ظاهرة الديون المتراكمة على فلَّاحي الريف والقرى، وظاهرة احتكار السلع في أسواق المدينة وهما جديرتان بالتعمُّق والدراسة.

أ- مشكلة الديون

ظهرت الشكوى من مظالم الديون في فترة مبكرة من الحكم العثماني، ويرصد عبد الكريم رافق الجدل الفقهي الذي دار بين علماء الشريعة والسلطة العثمانية التي كان يمثِّلها فرسان الجيش «السباهية»، الذين أرهقوا فلَّاحي القرى بالضرائب والأتاوات، وكان ردُّ الفلَّاحين على مظالمهم إمَّا التحوُّل إلى قطع الطرق ومهاجمة رجال الدولة، أو هجرة قراهم كما فعلت غالبيَّتهم[1]. وساندهم في خيار الهجرة صدور فتاوى من قبل العلماء تدعوهم لهجرة ضياعهم، وحسب إشارة المؤرِّخ المحبي فقد جمعت تلك الفتاوى التي تحثُّ الفلَّاحين على الهجرة في مؤلَّف لياسين الفرضي بن مصطفى الحنفي، وسمَّى ذلك المجموع « كتاب نصرة الفلَّاحين عن الأوطان على الظلمة وأهل العدوان»[2].

في الفترة التي يشملها هذا الفصل، يمثِّل موقف الشيخ عبد الغني النابلسي (ت:1143هـ/ 1731م) استمرارًا لموقف علماء القرن الحادي عشر الهجري/ السابع عشر الميلادي في رفض تعدِّيات رجال الإقطاع على الفلَّاحين في القرى، إذ ألَّف النابلسي رسالة يدعم فيها موقف الفلَّاحين ضدَّ رجال الإقطاع الذين تمادوا في تعدِّياتهم، وحملت الرسالة اسم «تخيير العباد في سكنى البلاد»، أيَّد فيها الشيخ هجرة الفلَّاحين، ضمانًا لسلامتهم وأكَّد على أنَّ خروج أهل القرى وتركهم مساكنهم وأملاكهم بسبب عبادة الله تعالى بتحريم الحرام وتحليل الحلال من فسق الظلمة وعدوانهم عليهم وطلبهم منهم ما لا يرضى به الله، فإنَّ الذي يفعله أهل القرى من الخروج عن قراهم أمر يثابون عليه»[3].

تبدو الصورة أكثر سلبية من خلال ما يظهر في الوثائق الشرعية التي تعود للفترة المتضمنة في هذا الفصل، وبخاصَّة وثائق البيع والشراء التي تنتمي لمختلف سجلَّات المحاكم الشرعية في مدينة دمشق، أنَّ المشكلة الأبرز في حركة التجارة المحلِّية تمثَّلت في تراكم الديون، التي

(1) رافق، عبدالكريم، الهوية والانتماء، ص125.

(2) انظر عن هذه الفتاوى والكتاب المشار إليه في: المحبي، خلاصة، ج4، ص478-480. الغزي، نجم الدين محمَّد، لطف السمر ج2، ص 698-701. رافق، الهوية والانتماء، ص126.

(3) النابلسي، عبد الغني، تخيير العباد في سكنى البلاد، ق3 أ.

يبدو أنَّها تضخَّمت بصورة جعلت عامَّة دمشق تحتجُّ على تزايدها، ولعلَّ في إشارة ابن كنَّان الصريحة حيال ذلك، ما يُثير الدهشة ليس عن الديون ورفض العامَّة لسدادها وحسب، بل في تحوُّل تلك الديون إلى ظاهرة واسعة، وهي الربا الذي انتشر في الوسط التجاري الدمشقي[1].

وتزخر مادَّة السجل الشرعي بقضايا القروض والديون التي ميَّزت علاقة فلَّاحي الأراضي مع كبار الملَّاك في الريف، ما جعل القرى تعاني من تراكم القروض بشكل واسع، ونتج عن ذلك إرهاق الفلَّاحين، وتدهور الأراضي الزراعية في الريف وهجرتها[2].

ويلاحظ في صيغة تلك القروض واستخدام لفظ «قرض» ويتبعه كلمة (شرعي) وربما يكون استخدام تلك الصيغة تهرُّبًا من القضاة الرافضين لمسألة الربا، والتي حكمت تلك القروض، وهو ما تؤكِّده الدعاوى الشرعية بين المُقتَرضين والمُقرِضين، إذ أنَّ غالب تلك القرى التي استدانت، كانت تشكِّل وفودًا أو حسب ما يشير السجل الشرعي «جماعة من الأهل» لرفع الدعاوى في المحاكم الشرعية، ضدَّ استبداد المُقرِضين الذين سيطروا على المحاصيل الريفية. وأخذوا حسب إشارة ابن كنَّان «يأخذون الحجج من أهلها ويأكلون المال الذي عليهم»[3].

ومن القرى التي واجهت أزمة تراكم الديون وفوائدها، والتي يشير الجدول المرفق في هذا الفصل إلى نصوص من بعض حججها أمام القضاة، جيرود[4] والمزة[5] ومنين[6] والقدم[7] والدالية[8]

---

(1) ابن كنَّان، محمَّد، الحوادث اليومية، ص211 ويقول: «ثمَّ أخذ-أي والي دمشق- في تعلُّق الأحكام الشرعية والحِجج فيكتبه من عقله، فأخذ غالب حجم الديون وأبطلها، ويقول كلُّها ربا فصار الفلَّاح وأهل القرى يُخوَّفون فيه، ويأخذ الحِجج من أهلها ويأكلون المال الذي عليهم حتَّى أنَّ بعضهم كان له دَين بحُجة نحو ثلاثة آلاف رمى بها لهم، وأرسل كتب بينهم وبينه...».

(2) انظر قائمة ملحقة بأرقام الحجج الخاصَّة بالقرى التي ترتَّبت عليها ديون كثيرة.

(3) ابن كنَّان، محمَّد، الحوادث اليومية، ص 211.

(4) تقع قرية جيرود في الهضبة الشرقية لجبال القلمون، وهي اليوم بلدة يبلغ عدد سكانها نحو 12537 نسمة وترتفع عن سطح البحر 835م، انظر: طلاس، المعجم، مجلد2، مادة جيرود.ص232.

(5) هي اليوم أحد أحياء دمشق، وتشكِّل منطقة الخدمات الثالثة، وعدد سكانها نحو18620 نسمة وترتفع 725م عن سطح البحر، وهي في الجهة الغربية من المدينة، وتضم أحياء كيوان والربوة والمزة القديمة والدارات، وتتَّصل بسفح قاسيون. طلاس، المعجم، مجلد5، مادة المزة، ص231.

(6) قرية في القلمون تتبع ناحية التل في ريف دمشق، تبعد 5 كم عن مدينة التل، وعدد سكانها نحو8630 نسمة، وترتفع عن سطح البحر 1200م. طلاس، المعجم، مجلد،4، مادة منين، ص364.

(7) كانت قرية قريبة من دمشق ومنذ عام 1984 أصبحت من أحيائها وعدد سكانها نحو 54624 نسمة وترتفع عن سطح البحر 680 م، وفيها جامع العسالي الذي بُني سنة 1644م. طلاس، المعجم، مجلد4، مادة القدم، ص524.

(8) تقع قرية الدالية في سفوح جبال اللاذقية، وتشتهر بزراعة الكرمة، ويبلغ عدد سكَّانها نحو3190 نسمة وترتفع عن سطح البحر 940م. طلاس المعجم، مجلدة 3، مادة الدالية، ص302.

وديـر عطيه[1] وصحنايا[2] وعقـربا[3] وبـنتنايم[4] وعيتا[5] والافتريس[6] والتل[7] وكفرسوسا[8] والعبادة[9] والطيبة[10] وديرماكر[11] وفرقلس[12] وجيبين[13] وداريا[14] والجديدة[15] وبتمان[16].

---

(1) قرية هي اليوم مركز ناحية دير عطية، تتبع النبك، وعدد سكّاناها نحو 8367 نسمة، وترتفع عن سطح البحر،1240م. طلاس، المعجم، مجلد 3، مادَّة دير عطية.

(2) بلدة في الغوطة الغربية، وهي مركز ناحية، وتتبع منطقة داريا، وعدد سكانها450 نسمة، وترتفع عن سطح البحر720م وتبعد عن دمشق 14كم إلى الجنوب. طلاس، المعجم، مجلد 4، مادة صحنايا، ص117.

(3) قرية في غوطة دمشق، تتبع ناحية ببيلا في محافظة ريف دمشق، ترتفع عن سطح البحر 659م، طلاس، المعجم، مادة عقربا، ص318.

(4) قرية في الغوطة الشرقية، تتبع ناحية قرى ومركز دوما في محافظة ريف دمشق، وعدد سكانها نحو12300 نسمة وترتفع عن سطح البحر 625م وتقع شرق دمشق على بعد12كم. طلاس، المعجم، مجلد2، مادة بيت نايم، ص241.

(5) وردت في السجل عيتا والصواب عيناتا، وهي قرية في السفح الجنوبي الغربي لجبل الحلو، تتبع ناحية شن منطقة تل كلخ، في محافظة حمص. طلاس، المعجم، مجلد4، مادة عينات، ص366.

(6) قرية في غوطة دمشق، تتبع ناحية كفر بطنا محافظة ريف دمشق، تقع في الغوطة الشرقية، وتبعد 7 كم إلى الشرق من دمشق. طلاس، المعجم، مجلد1، مادة، إفتريس، ص120.

(7) قرية في القلمون تتبع ريف دمشق، ترتفع عن سطح البحر 1100م وعدد سكَّانها نحو 18200 نسمة. طلاس، المعجم، مجلَّد 3، مادَّة التل، ص 462.

(8) قرية في قلب غوطة دمشق وهي أصلاً مزرعة وتشتهر بزراعة الزيتون والتبغ، عدد سكانها 21073 نسمة، وترتفع عن سطح البحر700م. طلاس، المعجم، مجلد5، مادة كفر سوسا، ص54.

(9) قرية في مرج غوطة دمشق، تتبع منطقة دوما، عدد سكَّانها 2600 نسمة، وترتفع عن سطح البحر607م، وهي أرض سهلية تتوسَّط الوادي الأدنى لنهر بردى. طلاس، المعجم، مجلد 4، مادة عبادة، ص255.

(10) قرية في حوض الأعوج تتبع ناحية الكسوة، تبعد6 كم جنوب غرب الكسوة وعدد سكانها 1702 نسمة، وترتفع عن سطح البحر 750م. طلاس، المعجم، مجلد 4، مادة الطيبة، ص227.

(11) قرية في حوض نهر الأعوج تتبع ناحية سعسع، وعدد سكَّانها نحو 900 نسمة، وترتفع عن سطح البحر 870 م. طلاس، المعجم، مجلد 3، مادة دير ماكر، ص413.

(12) قرية تتبع محافظة حمص، وعدد سكانها 2242 نسمة، وترتفع عن سطح البحر660 م، وهي تبعد عن حمص 42 كم إلى الشرق. طلاس، المعجم، مجلد 4، مادة فرقلس، ص473.

(13) تقع قرية جيبين على حافَّة وادي جيبين الذي يرفد وادي الرقاد، وعدد سكَّانها اليوم نحو 650 نسمة وترتفع عن سطح البحر 380 م. طلاس، المعجم، مجلد 2، مادة جيبين.

(14) تقع على بعد 8 كم جنوب غرب دمشق، وهي مركز ناحية في غوطة دمشق، وتضمُّ اليوم عدَّة قرى، هي المصطبة والشيخ والحجر الأسود. طلاس، المعجم، مجلد 3، مادة داريا، ص299.

(15) قرية في مرج غوطة دمشق تتبع ناحية جران العواميد، في محافظة ريف دمشق، تقع في الطرف الغربي لدمشق على بعد 37 كم. طلاس، المعجم، مجلَّد 2، مادة الجديدة، ص645.

(16) قرية على السفوح الدنيا من جبال اللاذقية، تتبع ناحية القطيلبية، وهي تقع في منطقة جبلية وتتبع محافظة اللاذقية. طلاس، المعجم، مجلد2، مادة بتمانا، ص246.

ب- الاحتكار في السوق

إلى جانب مشكلة تراكم الديون، تعاظمت سيطرة كبار التجار والمحتكرين في أسعار السوق وعلى الفلاحين وأصحاب المزارع، وقد ساعدت ممارسات الاحتكار في ظهور مساوئ اجتماعية لم تخفها المصادر التاريخية المحلِّية، وعلى رأسها كتب اليوميَّات، كما تبيَّن من خلال مراجعة هذه الكتب أنَّ ثمَّة طائفة كانت تتحكَّم في اقتصاد المدينة، وهي طائفة محتكري السلع، أو من يعبِّر عنهم حسب إشارة كاتب اليوميَّات البديري بـ«الخزَّانة».

يصف البديري الحلَّاق أحوال الناس في مواجهة ممارسة الاحتكار وانعدام الرقابة على السوق بالقول: «**ثمَّ دخلت سنة خمس وستين ومائة وألف فاستبشرت الناس خيرًا حيث هلَّ مطر غزير، وبدت ترخص الأسعار، غير أنه [ما فيه] تفتيش على الخلق بالرحمة والرأفة من الحكام والوجوه، والخزَّانة كثيرون والأكابر ساكتون والحكَّام يأكلون فإنا لله وإنا إليه راجعون وانظر غلاة الأسعار فقد أقبلت السنة بخيراتها... وعلى هذا قس فالأغنياء منعمون والفقراء صابرون**»[(1)].

وتشير العبارة السابقة إلى أنَّ «الخزَّانة» طائفة تتعمَّد خزن الحبوب ثمَّ بيعها بسعر مرتفع، وكلُّ ذلك دون تدخُّل مباشر لا من الحكام ولا من أكابر الشام، وهذه ليست إشارة عابرة، إذ طالما انتقدت المصادر انعدام الرقابة على السوق وارتفاع الأسعار وتضخُّمها بشكل كبير كقول البديري: «**ورطل البصل بستَّة مصاري، والحطب الرطل بمصرية، ورطل الرزِّ بعشرة مصاري... ولا أحد يسأل ولا كبير يتكَّلم والفساد كثير والمولى خبير**»[(2)].

وفي مقابل نظرة البديري التي تتَّسم بالنقد تجاه ضعف ممارسة السلطة لدورها الرقابي، يشير ابن كنَّان إلى جولات قاضي دمشق ومتسلِّمها، وتفتيشهما على الأسواق ومحاسبة المفسدين كقوله: «**وفي يوم الأربعاء رابع عشر محرم دار القاضي بنفسه على السوقة وأرباب الصنايع...**»[(3)]. وفي موضع آخر يقول: «**وفيه حرّج الحكام المتسلم والقاضي على الطحانة والخبازة أنهم يُبيِّضوا الخبز وحبسوا منهم جماعة**»[(4)]، هذه السلوكيات ستترك آثارها العامَّة على مجتمع المدينة، وستدفع بشيخ دمشق عبد الغني النابلسي، لكتابة مخطوطة «احترام الخبز»[(5)].

---

(1) البديري، أحمد، حوادث دمشق، ص163.

(2) المصدر السابق، ص169.

(3) ابن كنَّان، محمَّد، الحوادث اليومية، ص331.

(4) ابن كنَّان، محمَّد، الحوادث اليومية، ص 389.

(5) النابلسي، عبد الغني، احترام الخبز وشكر النعمة، مخطوط، 1730م، المكتبة الظاهرية- ضمن مكتبة الأسد، دمشق.

نستنتج ممَّا سبق أنَّ دمشق شهدت مجتمعًا توزَّعت فيه الثروة بشكل غير عادل، حيث تشير المصادر إلى تقسيمات وبُنى مجتمعية على أساس الثروة والمكانة الاقتصادية فتذكر مصطلحات مثل الأكابر والأعيان[1]، والعامَّة [2] وأصحاب المقامات الرفيعة[3] وبسطاء الناس[4]. وهذا ما يشير إليه تشكُّل مجتمع المدينة على أساس مجاميع مجتمعية يبدو أنَّ معيار تشكُّلها الأساسي هو الوضع الاقتصادي.

النقود المتداولة

يُستدلُّ من مادَّة السجل الشرعي، واليوميَّات المحلِّية في دمشق، أنَّ هناك أنواعًا مختلفة من العملة المتداولة، لكنَّ وحدة النقد الأساس التي يُعبِّر السجل الشرعي عنها هي الدرهم[5] والقرش[6]، كما تشير اليوميَّات إلى عملات ثانوية تم تداولها في صور مختلفة، وبقيم متفاوتة من فترة لأخرى، ويمكن رصد تلك النقود من خلال ثلاثة أنواع هي:

أ- النقود النحاسية:

وكانت أهمُّ النقود النحاسية المتداولة:

1. البارة[7]، وهي وحدة نقدية قديمة ضربت سنة 1620م[8]، وكان القرش يساوي أربعين بارة خلال القرن 18[9]، بينما البارة تساوي 10 قطع أو فلوس.

2. الفلس، وكان يطلق عليه أحيانًا القطعة، وقد تفاوتت قيمة الفلوس من

---

(1) البديري، أحمد، حوادث دمشق، ص63.

(2) ابن كنَّان، محمَّد، الحوادث اليومية، ص130.

(3) البديري، أحمد، حوادث دمشق ، ص214.

(4) البديري، أحمد، حوادث دمشق، ص 39 ،63، 82، 95. وانظر: المرادي، محمَّد خليل، سلك الدرر، ج4، ص190.

(5) يستخدم السجل الشرعي تعبير الدرهم، وهو يقابل العملة الرسمية التي كانت متداولة في الدولة العثمانية، وهي الآقجة التي كان الدمشقيون يعبرون عنها بلفظ «أخشايه»، انظر البديري، أحمد، حوادث دمشق، ص 111. جب، هاملتون، وبوون، هارلود، المجتمع الإسلامي والغرب، ج2، 1990، ص 51. انظر: Bowen. H. art. Akce, E.I.2, Vol. 2, p. 313

(6) هناك أنواع مختلفة من القروش التي تذكرها المصادر ومن أهمِّها القروش المصنوعة من الفضَّة، سجل 148، حجة 214، ص: 130، 6 شوال 1133هـ/ 1720م. البديري، أحمد، حوادث دمشق، ص160.

(7) البديري، أحمد، حوادث دمشق، ص 75.

(8) الحمود، نوفان، عمان وجوارها، ص 382.

(9) البديري، أحمد، حوادث دمشق، ص 4.

سنة لأخرى[1]، ففي بعض الأحيان كانت كلُّ 10 فلوس تعادل مصرية أو بارة، وأحيانًا أخرى كانت كلُّ 9 فلوس تساوي مصرية[2]، كما وجدت في دمشق فلوس رملية، وكان كلُّ واحد وعشرين فلسًا يعادل مصرية[3].

3. القطعة: ويبدو أنَّها كانت من الفضَّة أوَّل الأمر، وفي عام 1139هـ/ 1726م ألغيت القطعة من الفضَّة ومن النحاس وصارت قيمتها ثلاثة فلوس، يقول ابن كنَّان «إذ لا قطعة فضِّية الآن»[4].

ب- النقود الفضِّية

يشير ابن كنَّان إلى وجود فلوس فضِّية فيما سمَّاه (بالقسطنطيني)، ولكن يبدو أنَّها لم تكن رائجة بشكل واسع. ومن أهمِّ فئات النقد الفضِّية:

1. **القروش (القرش)**: يذكر السجل الشرعي مصطلح القروش الأسدية أي الفضَّة الخالصة[5]، وهو ما يؤكِّده ابن كنَّان الصالحي، إذ يشير إلى القروش وقيمتها أربع مصاري كبار صاغ لكلِّ قرش، وهناك المقصوص (وكلُّ ثلاثة بمصريتين)[6].
2. **المصرية**: وهي عملة فضِّية كان يطلق عليها أحيانًا البارة، وكلُّ قرش يساوي في سنوات الغلاء أربعين بارة من غير الفضَّة النقيَّة[7]، وكانت كلُّ مصرية تساوي 9 فلوس نقيَّة أو صحيحة[8]، أو 21 فلسًا رمليًا[9].

---

(1) المصدر نفسه، ص 35.

(2) ابن كنَّان، محمَّد، الحوادث اليومية، ص 382. البديري، أحمد، حوادث دمشق، ص: 35، 51، 108، 134، 149، 158، 221.

(3) ابن كنَّان، محمَّد، الحوادث اليومية، ص 382.

(4) ابن كنَّان، محمَّد، الحوادث اليومية، ص 382. وحول تحديد قيمة الفلوس، انظر قول البديري «ونبَّه الحاكم على أن لا يروج من الفلوس المكسور والرصاص، وتأتي يوم نادى على الفلوس الصحيحة كل اثنتي عشر بمصرية بعدما كانت كل أربعة وعشرين بمصرية، البديري، أحمد، حوادث دمشق، ص 173.

(5) ابن كنَّان، محمَّد، الحوادث اليوميَّة، ص 382.

(6) سجل 3، حجَّة 34، ص 47، 27 رجب 1121هـ/ 1708 م، «وتمَّ تقديرها كلَّ سنة من المدَّة أربعة قروش فضِّية أسدية

(7) البديري، أحمد، حوادث دمشق، ص 4 حاشية 1.

(8) ابن كنَّان، محمَّد، الحوادث اليوميَّة، ص 382.

(9) البديري، أحمد، حوادث دمشق، ص: 134، 139.

3. **الكيس**: يُستدلُّ من السجل الشرعي بأنَّ الكيس كان يساوي 500 قرش من الفضَّة[1]، في حين يشير أحمد عبد الرحيم مصطفى إلى أنَّ الرحَّالة فولني قدَّر الكيس بخمسة جنيهات[2].

ويظهر أنَّ قيمة هذا النوع من النقد كانت عرضة للتلاعب في ظلٍّ غياب الرقابة على الأسواق، إذ تشير الوثائق العثمانية إلى أنَّ الأسواق المحلِّية في مدن الشام واجهت أزمة التلاعب في أسعار العملات الفضِّية، وتحدِّد الوثائقُ المدنَ والمناطقَ التي راجت فيها عمليَّات التلاعب، وهي دمشق وحلب وصيدا[3].

ج- النقود الذهبية:

يبدو أنَّ فئات هذه العملة لم تكن رائجة بمستوى الفلوس أو النقود النحاسية والفضِّية، بسبب ارتفاع قيمتها من جهة، وربما كان تذبذب تدفُّق الذهب وتوفُّره عاملًا آخر في قلَّتها من جهة أخرى[4].

من أهمِّ فئاتها المذكورة في المصادر:

1. **الريال**: تمَّ تحديد قيمته حسب إشارة البديري في عام 1160هـ/ 1747م، «بأن يكون الريال بقرشين إلَّا ثلث، وكان أوَّلًا بقرش ونصف وأربع مصاري»[5].

2. **الربيات**: ويبدو أنَّها لم تكن متداولة في دمشق، بل أمكن تبادلها مع التجار القادمين من بلاد العجم حسب الإشارة الواردة عنها، وقد قدِّرت الربية الواحدة: «كل واحدة بثلاثة عشر قرشًا»[6].

---

(1) سجل 148، حجة 214، ص 130، 6 شوال 1133هـ/ 1720م، ونصُّ الوثيقة: «لدى مولانا... ادَّعى مصطفى بن معتوق على أخيه لأبيه... المبلغ وقدره عشرون كيسًا تعدل عشرة آلاف قرش».

(2) البديري، حوادث، ص 11، حاشية 1، السطر التاسع، ويبدو أنَّ تقدير أكرم العلبي محقِّق الحوادث اليومية كان سليمًا عن قيمة الكيس، ابن كنَّان، محمَّد، الحوادث اليومية، ص 577. وانظر: البديري، أحمد، حوادث دمشق، ص 160.

(3) دفتر الأوامر السلطانية رقم 1 وثيقة رقم 9، 15، شوَّال 1206هـ/ 1791م.

(4) عن النقود الذهبية السلطانية والفضِّية انظر: باموك، شوكت، التاريخ المالي للدولة العثمانية، ص118.

(5) البديري، أحمد، حوادث دمشق، ص 158، 155.

(6) البديري، أحمد، حوادث دمشق، ص 161.

ويبدو أنَّ الأزمة المالية التي كانت تمرُّ بها الدولة العثمانية، وبسبب ظروف عدَّة، دفعتها للتفكير في إصلاح نظامها النقدي، وهو ما يظهر من خلال دفاتر الأوامر السلطانية التي تحدِّد قيمة وأنواع الذهب الرائج والواجب تداوله في ولايات الدولة[1]، وبخاصَّة في دمشق، ويمكن إيرادها حسب ما يشير إليه الخطاب الموجَّه من اسطنبول إلى والي دمشق وطرابلس وإلى قاضي القضاة وكافَّة الأعيان وضبَّاط الإدارة في الدولة، وقد جاء تحديد أسعار العملات حسب الجدول الآتي[2]:

العملة	القيمة
الذهب الاستانبولي	8 قرش
الذهب البندقي	11 قرش
الذهب المصري	7 قروش
الجزايرلي	12 قرش
الذهب الرومي	15 قرش
القراميس	14 قرش وثلث بارة
الذهب الإسباني	9 قروش
الذهب التونسي	6.5 قرش

جدول رقم (1) تحديد أسعار الذهب الرائج في ولايات الدولة العثمانية

يُلاحظ من القائمة السابقة لأنواع الذهب المتداول، أنَّ ثمَّة تنوُّعًا في النقود الذهبية الرائجة من حيث المصادر الواردة منها، كما أنَّ هذا التنوُّع يعكس أهمِّية دمشق الاقتصادية وحيوية النشاط الاقتصادي فيها. لكن، نتيجة للأزمة المالية التي كانت تواجهها الدولة العثمانية، كان

(1) حول السياسة النقدية للدولة العثمانية، انظر دراسة: باموك، شوكت، التاريخ المالي، ص311.

(2) دفتر الأوامر السلطانية، رقم1، مديرية الوثائق التاريخية، دمشق، تاريخه 1194-1208هـ، عدد الصفحات 37، عدد الوثائق 180، الوثيقة رقم 6، ص 3. وانظر: دفتر الأوامر السلطانية، رقم 5 مديرية الوثائق التاريخية، دمشق وثيقة رقم 65، ص 33، دفتر11، عدد الوثائق 286، الصفحات 193.

عليها أن تلجأ لتحديد قيمة الأنواع المختلفة من النقود الذهبية في أكثر من أمر سلطاني، وهو ما كان يعكس من جهة أخرى وجود أزمات مالية متكرِّرة ناتجة عن انخفاض قيمة النقود.

وبالرغم من وجود مظاهر اقتصادية نشطة في التجارة المحلِّية وحركة السوق مع انتشار ظاهرة الدَّين وهجرة القرى وتنامي سياسة الاحتكار، إلَّا أنَّ نظرة عامَّة على دمشق تبيِّن أنَّ ثمَّة توسُّعًا ظاهرًا قد شهدته المدينة، رافقه نموٌّ في الحركة الاقتصادية المحلِّية إلى جانب نموِّ حركة التجارة الإقليمية التي جعلتها تشهد تدفُّق أنواع مختلفة من العملات.

ولوحظ أنَّ هذا النموَّ والازدهار الاقتصادي ارتبط بعوامل متعدِّدة، من أهمِّها الظروف التي كانت تمرُّ بها الدولة العثمانية، والتي هدفت إلى تحقيق مركزية إدارية في ولاية دمشق، من خلال حكم محلِّي تَعاقب عليه عدد من ولاة أسرة آل العظم، الذين شجَّعوا من جانبهم على العمليات التجارية، وخاضوا بعضها، وأمَّنوا قافلة الحجِّ الشامي خلال حكمهم، ممَّا انعكس على ازدهار حركة البيع والشراء في الأسواق الموسمية التي كانت تتزامن مع موسم الحجِّ.

ومن مظاهر النموِّ والتوسُّع استقرار مجموعات بشرية من القادمين للحجِّ، كالحجَّاج الأوزبكستانيين[1] في غوطة دمشق والمناطق الجنوبية من المدينة، تحديدًا في حيِّ الميدان التحتاني، الذي أخذ ينمو بشكل ملحوظ مع تزايد الاستقرار المحلِّي والعمران باتجاه طريقي التجارة نحو الجنوب.

ودلَّت مادَّة السجلِّ الشرعي من خلال إحصاء لمجموعة من السجلَّات، على أنَّ مجتمع المدينة شهد أنواعًا مختلفة من البيع والشراء، وظهر أيضًا أنَّ مسألة الديون أو القروض الشرعية، كانت من المشاكل التي وسمت الاقتصاد الدمشقي، وتبيَّن أنَّ مجموعة من القرى قد وقعت تحت إرهاق الديون والقروض الشرعية، لصالح مجموعة من المتنفِّذين وأرباب الإقطاعات.

وتفيدنا الدعاوى الشرعية الواردة بأسماء تلك القرى، على وجود هيئات منظمة لفلاحة الريف والقرية، وهي التي تكفَّلت بجمع الضرائب وتحصيل الرسوم لصالح الدولة، أو حتَّى الاحتجاج لدى القضاة في المحاكم على السياسات التي اتبعها التيماريون والزعماء، الذين شكَّلوا فئة يمكن اعتبارها أكثر يسرًا من فئات المجتمع الأخرى.

وظهر أنَّ عددًا من فئة العلماء والأكابر كانت لهم مصالح مرتبطة بعمليَّات البيع والشراء

---

(1) انظر ابن كنَّان، محمَّد، الحوادث اليومية، ص 114، يقول:» ورد من بلاد اليزبك الحاج محمَّد التستري البلخي من أعيان ومشايخ بلخ، وجماعته نحو الأربعين نفرًا ومعهم الأولاد والنساء ومرادهم الحجّ وزيارة القدس».

والتجارة، تحديدًا في الأرض والإقطاعات، واتَّصل عدد منهم بالأصناف والطوائف الحرفية، إلى جانب وظائفهم الدينية والتعليمية التي تقاضوا أجورها من الأوقاف، وهو ما يضعنا أمام تقديرات عن حجم الدخول الواردة للعلماء وفئاتهم.

ويبدو أنَّ وجود مرافق اقتصادية محلِّية، مثل الخانات والقيساريات والوكالات والأسواق، التي جمعت بين التخصُّص الدقيق والعمل الجماعي للحرفة الواحدة، قد ساهم في تفعيل الحياة الاقتصادية في مجتمع دمشق، وذلك بالرغم ممَّا نقلته اليوميَّات الدمشقية من أخبار خاصَّة بالأسواق، بيَّنت انعدام الرقابة فيها ووسمتها بالفوضى، وظهر أن ارتفاع الأسعار وتذبذبها كان مرتبطًا بتوفُّر الأمن والنظام، الذي تأثَّر فيما يبدو بخروج الولاة مع قافلة الحجِّ لمدَّة تُقارب ثلاثة أو أربعة أشهر.

أخيرًا، تمَّ إلقاء الضوء في هذا الفصل على أنواع العملة والنقود المتداولة، وظهر انعدام الاستقرار في أسعار الصرف أو القيمة النقدية للوحدة الواحدة، وكان هذا أمرًا مرتبطًا بالظروف السياسية والاقتصادية التي كانت تمرُّ بها الدولة العثمانية بشكل عام، وما رافق ذلك من غياب الأمن وتراجع الرخاء اقتصادي وعمليات حجب المحاصيل واحتكارها عن العامَّة. وهو ما جعل الدولة تُقدم على تحديد أسعار أنواع العملة المتداولة في ولاياتها مع أوائل القرن 13هـ/ 19م.

الفصل الثالث

النَّاس والمدينة

حظيت مدينة دمشق باهتمام العديد من الباحثين الذين تناولوا تطورها الاجتماعي والاقتصادي والسياسي خلال الحكم العثماني (1516-1518م)، واتَّسمت دراساتهم في الغالب بالجدَّة وخلُوها من الأحكام المسبقة، إذ إنَّ توفُّر كمٍّ كبير من المصادر كان كافيًا لكشف الجديد، وإثارة الأسئلة الممكنة حول تطوُّر المدينة وتحضُّرها خلال خمسة قرون من الزمان العثماني.

هذه الدراسات التي تصدَّرتها أعمال ليندا شليشر (1978م) وبيتر غران (1978م) وشيري فاتر (1978م) وعدنان البخيت (1982) وعبد الكريم رافق (1985م) وأندريه ريمون (1991م)، وأرينا سيملنسكايا (1989م) وقتيبة الشهابي (1990، 1993، 1995م)، وأكرم العلبي (1995م) ووجيه كوثراني (1981، 1988م) وصلاح الدين المنجد (1947م)، (1982م) وسحر مواس (1986م) وبرجيت مارينو (2000) ودورتيه زاك (2005) بيَّنت أنَّ دمشق كحاضرة عثمانية ظلَّت قابلة للبحث والدراسة من جديد، لأنَّ توفُّر عدد مختلف من مصادر التاريخ المحلِّي يجعل تجدُّد البحث ممكنًا.

كما أنَّ انتشار الخِطط الدينية من مدارس وجوامع ودور حديث وزوايا الصوفية، وفَّرت مجالًا مناسبًا لتفاعل المجتمع الدمشقي مع مجموعة كبيرة من الوافدين من الريف والمدن المجاورة، ومثَّلت الأسواق والشوارع والأزقَّة ومنظومتها الاجتماعية وحركة التبادل التجاري فيها ونشاط الفئات الاجتماعية والحِرف والطرق الصوفية إضافة إلى أثر قافلة الحجِّ، مجالًا عامًّا رحبًا لفاعلية اجتماعية نشطة داخل البنية الاجتماعية للمدينة، تمنح الباحث دومًا فرصة أفضل للكشف عن بنية المدينة بوصفها مجتمعًا خاصًّا بأشكاله التنظيمية المكانية والاجتماعية تتيح تحليل المجتمع كلِّه[1].

يعرض هذا الفصل لجوانب اجتماعية من تاريخ مدينة دمشق في العهد العثماني، خلال القرن الثامن عشر الميلادي، وهي الفترة التي شهدت حكم ولاة آل العظم، وما رافقها من ازدهار تجاري وحركة سكَّانية ونموٍ عمراني، وذلك بفضل تطوُّر عاملين هما: ازدهار حركة التجارة من جهة، واستقرار أمن قافلة الحجِّ الشامي من جهة أخرى، وقد أسهم هذا بورود عناصر جديدة إلى المدينة ممَّن استقروا فيها وباتوا يشكِّلون جزءًا من المجتمع المحلِّي.

---

(1) ميرامية، فرانك، السوق والتمدُّن في العالم العربي، ص 95.

توفُّر عدَّة مصادر حولية لمدينة دمشق، من سجلَّات شرعية ومجامع فتاوى ويوميَّات دمشقية، ساعد في وجود مادَّة مرجعية لبحث مواضيع اجتماعية متعدِّدة، ويأتي هذا الفصل ليعرض لسكَّان دمشق وتطوُّر البناء الديمغرافي في المدينة والعوامل المؤثِّرة فيه والفئات الاجتماعية وتبلورها والأخلاق العامَّة والأمن وأخيرًا مسؤولية السلطة المحلِّية عن فساد الأخلاق وانعدام الأمن وتكرار مظاهر الفساد الاجتماعي التي أدَّت إلى تبلور موقف مناهض لها اشترك فيه العلماء ورجال الحكم والمثقَّفون وشيوخ الطرق الصوفية ونقباء الأشراف.

سكَّان دمشق

يذكر هاملتون جب وهارولد بوون أنَّه في سنة 1206-1207هـ/ 1792م بلغت الزيادة السكَّانية في حلب عن دمشق ما مقداره 50 ألف نسمة، إذ وصل تعداد دمشق إلى ما يقارب مائة وخمسين ألفًا[1] ولكنَّ غياب أيِّ تعداد رسمي للسكَّان خلال الفترة التي يتضمَّن هذا الفصل تفاصيلها ينفي عن تلك التقديرات صفة الدقَّة، مع إمكانية الأخذ بالإشارات المتعدِّدة التي يوردها بعض الرحالة؛ فيذكر براون Brwon الذي زار المنطقة في الفترة 1207-1213هـ/ 1792-1798م، أنَّ عدد سكَّان دمشق كان أقلَّ من مائتي ألف نسمة[2]، في حين يشير بيكنجهام في رحلته سنة 1230-1232هـ/ 1816م إلى أنَّ عدد سكَّان دمشق يبلغ مئة ألف نسمة، كان منهم 25 ألف مسيحي و15 ألف يهودي و9 آلاف تركي، بالإضافة إلى ألف جندي شكَّلوا في مجموعهم جهاز الإدارة المحلِّية في المدينة[3].

ويوضح الرحَّالة Porter (1272هـ/ 1855م) مجموعة من الصعوبات التي كانت تواجه عملية تقدير عدد السكَّان فيقول: «إنَّ تقدير السكَّان أمر ليس بالسهل ويصعب تقديره لأنَّ الإحصاء العددي متأثِّر بإهمال الموظَّفين والإداريين وبنظرة الدمشقيين لذلك وعدم إعطائهم المعلومات الصحيحة»[4].

(1) جب وبوون، المجتمع الإسلامي والغرب، ج1، ص 119.

(2) Brwone. W.G., Travels, p. 398.

(3) Buckinham, Travels, p. 253.

(4) Porter, J. L., Five Years, vol. I, p 138.

وعند قبول مثل تلك التقديرات فإنَّه من المهمِّ الاهتمام بطبيعة العوامل المؤثِّرة في النموِّ السكَّاني، فعلى الرغم من عدَّة عوامل مؤثِّرة في زيادة عدد السكَّان، إلا أنَّ تلك الزيادة لم تكن متعاظمة بصورة ضخمة.

في هذا السياق، يرى عبد الكريم رافق أنَّ هناك صعوبات جمَّة لمعرفة سكَّان مدينة دمشق، ورصد التغيُّرات التي طرأت على مجتمع المدينة خلال العصر العثماني[1]. فهل يمكن الاستناد إلى مؤثِّرات ثقافية واجتماعية لمعرفة طبيعة التركيب الديموغرافي؟ لقد شكَّلت دمشق في محيطها الاجتماعي والسكَّاني تنوُّعًا اجتماعيًا دينيًا وإثنيًا واضحًا[2]، لعب دوره العام في استقطاب وافدين جدد إليها، وهذا لا يعني عدم تبرير نموِّ المجتمع استنادًا إلى نوع من الاستقرار السياسي وطبيعة الحكم والإدارة الذي تزامن مع حكم ولاة آل العظم في المدينة ومحيطها[3].

وهنا يمكننا تحديد عوامل الاستقطاب للسكَّان الجدد بعاملين، الأوَّل: عامل الحجِّ، وما تمثِّله رحلته من توفير لرغائب الهجرة والاستقرار، وأن تكون دمشق محطَّة من محطَّات الاستقرار، وهو أمر ارتبط بقدرة الولاة على الحفاظ على أمن القافلة وتشجيع عدد كبير من الراغبين في الحجِّ على أداء الفريضة كلَّ سنة[4]. في حين تمثَّل العامل الثاني بتطوُّر حركة التجارة وازدهارها بسبب نموِّ المبادلات التجارية بين دمشق وجوارها، تحديدًا مناطق الجنوب حيث سهل حوران المنتج زراعيًا[5].

ويضاف إلى عاملي الحجِّ والتجارة، التغيير الذي شهدته بنية المؤسَّسة العسكرية في دمشق في القرن الثامن عشر، فالجند المحلِّيون (اليرلية) أصبحوا جزءًا من السكَّان، وتضاءلت أهمِّية حرس الولاة (السباهية)، واندمج عدد كبير منهم في المحيط الاجتماعي وتشكَّلت بعض الأسر المحلِّية في دمشق من مجموعة عساكر أصبح لهم بعض المصالح التجارية وامتهنوا بعض الحرف[6] حتَّى أنَّ بعض قادة الجند انتظموا في صفوف الأعيان المحلِّيين وقرَّبوا إليهم رجال

(1) رافق، عبد الكريم، مظاهر سكَّانية من تاريخ دمشق، العدد 2، ص 5.

(2) كوثراني، وجيه، السلطة والمجتمع، ص 11.

(3) البديري، أحمد، حوادث دمشق، ص 44، 12، 125، 45، 92. ريمون، أندريه ، المدن العربية الكبرى في العصر العثماني، ص125–169.

(4) Schileher. L. Familes, p. 27-78

(5) ريمون، المدن العربية، ص158. Abed-Nour, A. Introduction, p. 339

(6) البديري، أحمد، حوادث دمشق، ص5. المرادي، محمَّد خليل، سلك الدرر، ط3، ج3، ص63 و151، ج4، ص16، 23.

العلم، بل تخلُّوا عن المهام العسكرية واندرجوا في صفوف فئة العلماء وهو ما تمثِّله سيرة درويش بن محمد الطالوي (ت:1014هـ/ 1605م) الذي يقول عنه المؤرِّخ المحبي (ت 1111هـ/ 1699م):

[.. كان ماهرًا في كلِّ فنٍّ من الفنون، مفرط الذكاء فصيح العبارة منشئًا بليغًا، قدم دمشق مع السلطان سليم، وكان خادمًا لبعض أتباعه فتزوَّج أمَّ درويش محمد وهي عنقا بنت الأمير علي بن طالو وقطن معها بمحلَّة التعديل من دمشق، ولمَّا ذاق حلاوة العلم ترك زيَّ الجند ولبس زيَّ العلماء ثمَّ صحب العلماء..][1]

وتقدِّم سجلَّات المخلَّفات معلومات قيِّمة عن البنية السكَّانية في دمشق خلال النصف الأوَّل من القرن الثامن عشر، من هذه الوثائق مسح كامل لمخلَّفات المتوفِّين الأغراب «الذين قدموا إلى دمشق لأسباب مختلفة أبرزها الحجّ[2] وهناك من وفدوا بفعل الرغبة بالتجارة، أو تلقِّي العلم واستقرُّوا في المدينة، بالإضافة إلى مجموعات بشرية استقرَّت بشكل جماعات منظَّمة في أحياء المدينة[3] ومنهم المغاربة[4] والهنود[5] والبغاددة[6] والموصليون[7]. ويبدو أنَّ مثل هذه الجماعات كانت في بعض الأحيان مصدر اضطرابات وفتن مختلفة، اضطرَّت بعض الولاة إلى إخراجهم من المدينة في بعض السنوات[8].

وبالإضافة إلى كلِّ أسباب النموِّ السكَّاني السابقة، من المهمِّ أن نأخذ بعين الاعتبار عوامل مؤثِّرة في التزايد من ناحية الحدِّ منه وتقليله، تمثلت في انتشار الأمراض كالطواعين المتكررة[9]، والمجاعات التي هددت السكَّان في الريف والمدينة، إلى جانب الزلازل والجائحات الأخرى التي أدَّت في بعض السنوات إلى وفاة أعداد كبيرة من السكَّان[10].

---

(1) المحبي، خلاصة الأثر، ج2، ص149.

(2) ابن الصديق، حسن، غرائب البدائع، ص41، 42، 65. ابن كنَّان، محمَّد، الحوادث اليومية، ص115، استقرار خمسة أشخاص من الأوزبكستانيين في دمشق.

(3) نعيسة، يوسف: مجتمع مدينة دمشق، ج2، ص278.

(4) ابن كنَّان، محمَّد، الحوادث اليومية، ص42. سجل 94، حجة 132، ص78، 2 رجب 1152هـ/ 1739م.

(5) ابن كنَّان، محمَّد، الحوادث اليومية، ص 61. سجل 92، حجة 117، ص72، 15 محرم 1151هـ/ 1738م.

(6) البديري، أحمد، حوادث دمشق، ص113. سجل 124، حجة 175، ص195، 1 ربيع 2 1162هـ/ 1748م.

(7) سجل 117، حجة 26، ص 15، 6 جمادى الأولى، 1159هـ/ 1746م.

(8) انظر على سبيل المثال: إخراج المغاربة من دمشق على يد الوالي في سنة 1118هـ/ 1706م. ابن كنَّان، محمَّد، الحوادث اليومية، ص 114، وسنة 1131هـ/ 1718م، ص2-4.

(9) البديري، أحمد، حوادث دمشق، ص: 24، 52، 65، 192، 228، 32.

(10) القاري، رسلان، الوزراء، ص83. وانظر: العجلوني، إسماعيل، تحريك السلسلة فيما يتعلَّق بالزلزلة، مخطوط، ورقة ب. ابن كنَّان، محمَّد، الحوادث اليومية، ص: 197، 324، 471.

الفئات الاجتماعية

يرى سيار الجميل بأنَّ القرن الثامن عشر الميلادي كان الفترة الأكثر تميّزًا ونضجًا في تاريخ الولايات العربية خلال العصر العثماني من الناحية الاجتماعية، وذلك لما يمثِّله من مقارنات وتطوُّرات وتشكيلات سياسية واقتصادية واجتماعية[1]، وهي تشكيلات كانت قد أخذت صورتها الأولى منذ نهاية القرنين الخامس عشر والسادس عشر الميلاديين[2].

وقد انحصر التغير الاجتماعي في مطلع القرن الثامن عشر الميلادي بظهور أسر جديدة أخذت دورها بشكل متميِّز نتيجة لاستقرارها وتوطُّنها في دمشق[3]، ومع مرور الزمن، أخذت العائلات تجد لنفسها أدوارًا فاعلة ضمن النسيج الاجتماعي في دمشق، ومن هذه الأسر عائلة العمادي والمنير والمنيني وغيرها[4].

وخلال الفترة التي يتحدَّث الفصل عنها في النصف الأوَّل من القرن الثامن عشر الميلادي، تمدُّنا اليوميَّات الدمشقية وكتب التراجم بمادَّة مهمَّة عن البنية الاجتماعية وتوزيع فئاتها، ومدى انعكاس الفصل بين الفئات الاجتماعية – إن وجد – في الوعي الاجتماعي، ما يسعفنا في الوصول إلى صورة واضحة حول البناء الاجتماعي لمجتمع المدينة.

تذكر التواريخ المحلِّية عدَّة مصطلحات للتعريف أو التفريق بين المجاميع السكَّانية، منها: أصحاب المقامات الكبيرة[5]، وأهل العرض[6]، والوجهاء[7]، وصغار القوم[8]، ووسطاء الناس[9]، والخاص والعام[10]،..

(1) الجميل، سيّار، بقايا وجذور، ص 179–186.

(2) انظر: لايبدوس، إيرامار، مدن الشام في العصر المملوكي، ص 136–146. الصبَّاغ، ليلى، المجتمع العربي السوري في مطلع العهد العثماني، ص271. Bakhit, M. A., The Ottoman, p. 119-140

(3) Schilcher, L. Families, p. 17-19

(4) المرادي، محمَّد خليل، سلك الدرر، ج4، ص33. البديري، أحمد، حوادث دمشق، ص63، 167، 168.

(5) البديري، أحمد، حوادث دمشق، ص 120، 163.

(6) البديري، أحمد، حوادث دمشق، ص 214.

(7) المرادي، محمَّد خليل، سلك الدرر، ج4، ص 190.

(8) البديري، أحمد، حوادث دمشق، ص 7، ص 95.

(9) المرادي، محمَّد خليل، سلك الدرر، ج3 - ص47، ج-4 ص45.

(10) البديري، أحمد، حوادث دمشق، ص 39، 63، 82، 95.

والأعيان[1]، والأكابر[2]، والعامَّة[3]. ونلاحظ أنّ مثل هذه المصطلحات ترد في مواقع ومواقف مختلفة ومناسبات عامَّة، إلا أنَّها ورغم استخدامها في أدبيات الفترة، لا تشكِّل فصلًا فئويًا وطبقيًا في المجتمع، لأنَّ الانتقال من مجموعة لأخرى كان أمرًا شائعًا في كثير من الأحيان. ففي عهد عثمان باشا المحصل والي دمشق سنة 1154هـ/ 1741م، أمر بإخراج الجند «القابي قول/ عبيد الباب» ولم يشمل أمر الإخراج الجميع، بل سمح لمجموعة كبيرة من الجند بالإقامة، وتحوَّلوا عن مهامهم العسكرية «وأصبح بعضهم من الرعيَّة»[4].

ويقابل تلك المفردات التي تدلُّ على فئات مستقلَّة بذاتها، مفردات أخرى تعبِّر عن مجتمع متماسك في مسؤوليَّاته الجماعية أمام الأحداث العامَّة، ما يعني أنَّ الفصل بين المجاميع السكَّانية، كان يتلاشى أمام الأحداث العامة التي يواجهها المجتمع، ومن هذه الألفاظ: أهل الشام[5]، أهل دمشق[6]، أهل الجواني[7]، ناس الشام[8]، وهي مصطلحات كانت تُظهر اتِّحاد المجتمع في مواجهات موجات بطش الولاة واعتداءات العسكر على الأحياء، وتعبِّر أيضًا عن طبيعة المجتمع الدمشقي، وحدود العلاقات الاجتماعية بين فئاته.

وبالتالي فالتمايز المقبول هنا بين الفئات الاجتماعية، يظلُّ في حدود ضيقة، عندما تتحدَّث عن مفهوم الرعيَّة والسلطة، بحيث يمكن لنا القبول بتحديد موقع الرعيَّة على أنَّهم الأتباع في مجال خضوعهم للسلطة أو ممثِّليها الذين عبَّروا عن أهمِّيتهم لكونهم ممثِّلي الشخص الوالي أو موظَّفي ديوان الولاية[9]، أو أنَّهم ممَّن تمارس تأييدها للصفوة (النخبة)، في تشكيل القيم وتحديد الاتِّجاهات العامَّة في المجتمع[10]، ويتشكَّل رجال هذه الصفوة من الأعيان الدينيين

---

(1) ابن كنَّان، محمَّد، الحوادث اليومية، ص 389.

(2) ابن كنَّان، محمَّد، الحوادث اليوميَّة، ص 154، 369. البديري، أحمد، حوادث دمشق، ص 106، 11، 127، 167، 197، 201، 226. المرادي، محمَّد خليل، سلك الدرر، ج1، ص 69، 74، 98.

(3) القاري، الوزراء، ص79. ابن كنَّان، محمَّد، الحوادث اليومية، ص 419.

(4) البديري، أحمد، حوادث دمشق، ص 5.

(5) البديري، أحمد، حوادث دمشق، ص 22.

(6) ابن كنَّان، محمَّد، الحوادث اليومية، ص 112.

(7) البديري، أحمد، حوادث دمشق، ص 112. ابن كنَّان، محمَّد، الحوادث اليومية، ص 312.

(8) البديري، أحمد، حوادث دمشق، ص 121.

(9) ريمون، أندريه ، المدن، ص55. خوري، فيليب، طبيعة الحياة السياسية في دمشق، 446.

(10) محمَّد، علي، أصول علم الاجتماع السياسي، ج2، ص 64.

والدنيويين الذين انتمى إليهم الأشراف ورجال العلم والقضاة وشيوخ الطرق الصوفية[1].

ويضاف إلى هؤلاء فئة المستثمرين من كبار التجّار[2] الذين حقّقوا مكاسب مادِّية، ومثّلوا مع مرور الزمن أُسرًا تجارية مستقلّة[3]، ارتبطت بعلاقات اقتصادية لها امتداداتها مع أقاليم مختلفة في إطار الدولة العثمانية[4]. ومثل هذه الفئة شكّلت في بنيتها الجماعة الوظيفية ذات المكانة المتنفِّذة في المجتمع، الأمر الذي جعل عددًا من صغار التجّار وأصحاب الحِرف يسعون للانضمام إلى صفوفها.

ومن جانب آخر وجدت في الفئات الاجتماعية فئة من العامّة الرثّة الذين انتموا إلى قاعدة واسعة لا يملك أفرادها أيّة منافع اقتصادية، وهم في مجملهم أهل مهن وحِرف متجوِّلة وبسيطة، شكّلوا قاعدة مسحوقة ليس لها أيّة امتيازات، وهم أوّل من يتحرّك في الاضطرابات العامّة والأكثر تضرُّرًا من السياسات الاحتكارية وأزمات الغلاء[5]. وعلى الرغم من وجود التفاوت الاجتماعي بين مختلف الفئات إلّا أنّها شكّلت مجاميع وشبكات متداخلة ومتفاعلة فيما بينها، وفي ظلِّ الحديث عن البناء الاجتماعي لمدينة دمشق، نسأل عن مدى إمكانية تخطِّي حدود المماثلة في الانتماء إلى هذه الفئة أو تلك إن وجدت؟

ولعلَّ الإجابة الممكنة هنا تميل إلى أنَّ المجاميع الاجتماعية شكّلت في مجموعها تراكمات سلطوية منفصلة في جانبها السلطوي أو أداء الواجبات، وقد شكّلت كلُّ مجموعة بالنسبة لأفرادها مرجعية قضائية مندمجة مع المرجعيات الأخرى[6]، أما النسق الثقافي فإنَّه لم يتأثّر بذلك المزيج الاجتماعي أو الفواصل الاجتماعية، وهذا ما أكّدته الأحداث العامّة التي مرّ بها المجتمع وعبّر عن نفسه من خلالها بشكل موحّد[7].

---

(1) خوري، فليب، طبيعة الحياة السياسية، ص 441. الصباغ، المجتمع العربي السوري، ص119. ريمون، أندريه، المدن، ص 62.

(2) شليشر، ليندا، بعض مظاهر أحوال الأعيان بدمشق، ص 239.

(3) ريمون، أندريه، المدن، ص 71.

(4) Zouhair.Gazzal. L-Economie Politugede Damas, p. 81.

(5) الزواهرة، تيسير، تاريخ الحياة الاجتماعية في لواء دمشق ص 57، وانظر كذلك حول النخبة والصفوة الاجتماعية مقال:

Nadel, The concept of Social Elites, «International Social Science Btultin, vol., 8, 1956.

(6) لوكاش، جورج، التاريخ والوعي الطبقي، ص 115. بالانديه، جورج، الأنثرولوبوجيا السياسية، ص 37.

(7) البديري، أحمد، حوادث دمشق، ص38، 39، 33، 63.

ولذا، فإنَّ الشكل المقبول لذلك المجتمع هو الذي سمح بتخطِّي حدود الانتماء في تلك المجاميع، وتجاوز حدودها وهذا ما يطرحه مثال مفتي دمشق إسماعيل بن رجب الحائك (ت: 1113هـ/ 1701م)، الذي انحدر من أسرة فقيرة في دمشق، فرغم فقره وقلَّة حيلته[1]، إلَّا أنَّه تدرَّج في المواقع العلمية والوظائف الدينية وأصبح مفتيًا لدمشق ودخل بذلك فئة الأعيان، حيث أمكن في هذا المثال تخطِّي الشروط الحصرية للانتماء والانتساب في الفئة الواحدة.

أحوال الشام: باطن دمشق وظاهرها

ميدان حركة الناس في دمشق في القرن الثامن عشر م/ الثاني عشر هـ كان الأحياء والحارات الدمشقية الواقعة داخل السور القديم، التي تسمِّيها المصادر التاريخية «باطن دمشق»، وتلك التي تقع خارج السور، التي تشكَّلت تاريخيًا بفعل نموِّ المدينة حضريًا وتطلق عليها المصادر «ظاهر دمشق»[2].

وسط الأحياء وبين الحارات شكَّلت الأسواق والشوارع الواصلة بينها، بؤرة للتمركز الاقتصادي والفعل الاجتماعي[3]، وقد تمركزت الأسواق حول الجامع الأموي وكانت تتفرَّع بشكل قابل للنمو، وفي حال وصل امتدادها إلى سور المدينة القديم فإنَّ مواجهة التوسُّع، كانت تتمُّ بإنشاء أسواق خارج السور في ظاهر دمشق.

وفي مقابل النموِّ الحضري، ومع مرور الزمن، نمت أسواق دمشق بشكل مستمرٍّ بالتزامن

(1) المرادي، محمَّد خليل، سلك الدرر، ج1، ص 256، 257.

(2) قسِّمت الكتلة السكَّانية داخل أسوار دمشق أو في أرباضها المحيطة بها، إلى ثمانية أثمان، احتوى كلُّ ثمن على عدد من الحارات، واحتوت كلُّ حارة على عدد من الأزقَّة والدخلات، وكان من هذه الأثمان خمسة خارج السور وثلاثة داخله، أمَّا الخارجية فهي ثمن القنوات وثمن سوق ساروجه وثمن الميدان وثمن الشاغور وأخيرًا ثمن الصالحية. أمَّا داخل السور فهناك ثلاثة أثمان فيها حارات عدَّة منها حارة الجابية وحارة البزورية وحارة الحطب وحارة درب البقل وحارة مسجد البيع وحارة درب الريحان وحارة الكنيسة وحارة النبطيون وحارة داخل باب توما ومنها حارة المنجيق/ الجنيق وحارة البدارئية وحارة الخضرا وحارة الهنود وحارة الأندر وحارة الظاهرية وحارة الخشابين وغيرها، انظر: نعيسه، يوسف، مجتمع مدينة دمشق، ج1، ص80-81.

(3) حول السوق والمجال العام انظر: ميرميه، فرانك، السوق والتمدُّن، ص13. زاك، دورتيه، دمشق تطور وبنيان مدينة مشرقية إسلامية، ص 75.

مع التغيُّرات والتحوُّلات السياسية والاجتماعية التي عاصرتها المدينة قبل العصر العثماني[1]، وحتَّى اليوم لا تزال المدينة تحتفظ بموروث وتراث غنِّي من الأسواق المنتشرة في أحيائها المختلفة تعبِّر عن النسيج العمراني وحجم النشاط التجاري، والتكوين الاجتماعي الذي ساد المدينة خلال القرن 12هـ/ 18م وانتقالًا إلى القرن 13هـ/ 19م[2].

وقد أُقيمت خلال العهد العثماني مجموعة من الأسواق، شيَّدها بعض الولاة[3]، هذا إلى جانب عدد من الأسواق المؤقَّتة التي يُشير إليها السجلُّ الشرعي، ومنها: سوق الجمعة قرب محلَّة اليهود[4] ، وسوق الأحد[5]. وحتَّى النصف الأوَّل من القرن 14هـ/ 20م. يذكر نعمان القساطلي (ت: 1338هـ/ 1919م) بأنَّ دمشق كانت تشهد ما يقارب مئة وخمسين سوقًا[6]، كانت معظمها قد تركَّزت داخل سور المدينة، وهو ما تؤكِّده مشاهدات بعض الرحَّالة الأجانب، وتواريخ القرن الثامن عشر[7]، ومن هذه الأسواق التي ترد في وثائق وحجج البيع والشراء المدوَّنة في السجل الشرعي: سوق الذراع الذي تباع فيه الثياب النفيسة والكتَّان والحرير[8]، وسوق الذهبيين (الصاغة)[9]، وسوق الحرير[10]، وسوق العنبراني عند باب الجامع الأموي[11] وغيرها.

---

(1) عن أسواق دمشق قبل العهد العثماني انظر: عبد الهادي، يوسف، نزهة الرفاق عن شرح حال الأسواق، ص 37، وانظر كذلك: بني حمد، فيصل، الأسواق الشامية في العصر المملوكي.

(2) Zouhair.Gazzal.L-Economie Politugede Damas, p. 81.

(3) من هذه الأسواق، سوق السنانية الذي بناه والي دمشق سنان باشا (ت: 1104هـ/ 1605م) وسوق الدرويشيه الذي بناه درويش باشا (ت: 1063هـ/ 1652م) وسوق محمَّد باشا العظم (ت: 1185هـ/ 1771م)، انظر: عن هذه الأسواق في المحبي، خلاصة الأثر، ج2، ص 56؛ ابن جمعة المقار، الباشات والقضاة، ص 26. سجل 32 حجة 352، 14 جمادى الأولى 1120هـ/ 1708م، سجل 41، حجة 223، ص 144، 25 صفر 1133هـ/ 1720م.

(4) سجل 82 حجة 325، ص 172، 9 رمضان، 1149هـ/ 1736م، تشير كتب الخطط إلى أن سوق الجمعة كان يعقد بجانب قلعة دمشق في حين تبدو إشارة السجل أعلاه إلى أنه كان يعقد سوق آخر في محلة اليهود، التي عرفت بحارة السمرة وتقع بين جسر تورا وجوبر وكان يسكنها يهود سمرة. راجع: العلبي، أكرم ، خطط دمشق، دار الطباع، ط 1، 1989،دمشق، ص436.

(5) سجل 113، حجة 182، ص 67، 7 شوال 1139هـ/ 1726م

(6) القساطلي، نعمان، الروضة الغناء في دمشق الفيحاء، ص 117.

(7) سجل 26، حجة 505، ص 323، 1 ربيع الأوَّل 1112هـ/ 1700م؛ ابن كنَّان، الحوادث، ص4 وانظر: Porter, J.L. Five Years, p. 58.

(8) سجل 112، حجة 313، ص 125، 14 صفر 1158هـ/ 1745م.

(9) سجل 57، حجة 114، ص 52، 16 شوال، 1142هـ/ 1729م.

(10) سجل 82، حجة 72، ص 41، 16 ذي القعدة، 1135هـ/ 1752م.

(11) سجل 94، حجة 58، ص 72، 14 محرم 1150هـ/ 1737م.

بُنيت تلك الأسواق وفق طراز عمراني يتناسب والمهام التي تقوم بها، أو ما يعرض فيها من بضائع، كما أنَّ بعضها كان يشكِّل ساحات مكشوفة، كسوق الجمال في حي الميدان[1]، وسوق الغنم والبقر، وسوق الجمعة قرب قلعة دمشق[2].

يُستدلُّ من تمركز تلك الأسواق وتواجدها في مناطق محددة بالقرب من الجامع الأموي، الذي عُدَّ المركز الروحي الأهمَّ في دمشق وفيه تتجسَّد الشخصية العمرانية والحضرية للمدينة، على أنَّ حركة المجتمع كانت تتجلَّى هناك، حيث يفصل الجامع بين المناطق العامَّة حيث الأسواق من جهة، وبين المنطقة نصف العامَّة للحارات السكنية من جهة أخرى، فنمت الأسواق حوله من جهة الغرب والجنوب الغربي، وإلى الشرق منه نشأت حياة نشطة داخل الحارات في المنطقة الواقعة من حي القيميرية وصولًا إلى حيِّ باب توما شرقًا.

ويقع بين الجامع وحيِّ القيميرية مقهى النوفرة الشهير الذي يعود إلى القرن السادس عشر، وحين زار ابن كبريت محمد بن عبد الله الموسوي (ت: 1070هـ/ 1659م) دمشق وكتب عن محاسنها، أُعجب إعجابًا شديدًا بمقهى النوفرة وقال عنه: «ومن محاسنه الفوار الذي على باب جبرون[3]، فإنَّ ماءه يرتفع نحو قامة ونصف في الساق دائمًا وأبدًا..»[4]. وهو يشير هنا إلى نافورة الماء التي منحت بيت القهوة الذي كان بجانبها اسمها وهو مقهى النوفرة الذي ما زال عاملًا حتَّى اليوم.

تنقل المصادر التاريخية أحوال دمشق الاجتماعية بكلِّ تفاصيلها، سواء كانت أخبار المصادر عن مجتمع العلماء في مجالسهم العلمية ومدارسهم، أو دور الحديث أو في رحلاتهم ونزهاتهم[5]، أو حتَّى عن الزعران والحرافيش والعامَّة الرثَّة و«الأرذال من الناس» وشهود الزور.

---

(1) يقع حي الميدان إلى الجنوب الغربي من دمشق، وكان يقسم إلى ثلاثة أقسام هي: الميدان التحتاني، والوسطاني والفوقاني، وقد ازدهر هذا الحي بشكل ملحوظ خلال القرن 12هـ/ 18م، بسبب الحج، ونحو تجارة الحبوب بين دمشق وأجزائها الجنوبية، ومن الدراسات الجادة عن هذا الحي في القرن 12هـ/ 18م دراسة بريجيت مارينوا. انظر: Marino. B. Midan, pp. 90-95

(2) عن الحياة الاقتصادية في دمشق إبان القرن الثامن عشر ومسألة الديون انظر: مبيضين؛ مهند، ملامح من الحياة الاقتصادية ، ص52.

(3) هو الباب الخارجي لمعبد جوبيتر والباب الشرقي للجامع الأموي وما زالت معالمه باقية إلى الجهة الشرقية من محلَّة النوفرة، وهو يفصلها عن حيِّ القيمرية، وأطلق عليه تسميات أخرى منها باب الساعات وهو اسم شاع في القرن السادس الهجري. انظر: الشهابي، قتيبة. وإيبش، أحمد، معالم دمشق التاريخية، ص43-44.

(4) ابن كبريت، محمَّد بن عبد الله الموسوي، رحلة الشتاء والصيف، ص 217.

(5) ابن كنَّان، محمَّد، الحوادث اليومية، ص12. وانظر للمزيد الصفحات: 74، 109، 227، وعن ختم الدروس العلمية، ص: 143، 241، 285.

وفي سجلّات المحاكم نجد عددًا من القضايا التي سُجِّلت فيها احتجاجات علماء دمشق في حالات متعدِّدة ضدَّ فساد الأخلاق، وتحديدًا في الأماكن المحيطة بالجامع الأموي والساحات العامَّة والأسواق.[1].

وفيما تعرض الحجج الشرعية لقضايا فساد الأخلاق في إطار الشكوى والعقوبة، فإنَّ اليوميَّات الدمشقية تروي قضايا مختلفة من انتشار عادات الفسق وانعدام الأخلاق، يقول البديري الحلّاق: «وفي تلك الأيَّام كثرت بنات الخطأ ويتبهرجن بالليل والنهار، فخرج ليلة قاضي الشام بعد العصر إلى الصالحية، فصادف امرأة من بنات الخطأ تسمَّى سلمون، وهي تعربد في الطريق وهي سكارى ومكشوفة الوجه وبيدها سكِّين فصاح القاضي عليها أن ميلي عن الطريق، هذا القاضي، فضحكت وصاحت وهجمت على القاضي بالسكِّين وأبعدها عنه أعوانه»[2].

مقابل الفساد والفسق، على المدينة أن تنتظر العقاب لابتعادها عن الشرع والعفَّة، وهذا ما يجعل مؤرِّخ دمشق اليومي في تلك الفترة البديري الحلّاق يرى أنَّ تلك الحالات من ألوان الفسق تمثِّل سببًا للمصائب والجائحات التي كان يمرُّ بها مجتمعه، حيث يقول في معرض تعليقه على انتشار الجراد في دمشق: «وبعد يومين جاء أهل الميدان وقصدوا جامع المصلّى بـالدعاء برفع الجراد... فلم يفد ذلك، وكيف يفد ذلك وأكثر النساء وبنات الهوى وهن الخطّاءات ليلًا ونهارًا بالأزقَّة وبالأسواق»[3].

ويستمر البديري بعرض مثل تلك الأخبار بأسلوب شيِّق في البداية، ينتهي بالدعاء والتحسُّر والندب، ومن ذلك ما أورده عنه تفشِّي الفساد في أيَّامه بقوله: «وفي تلك الأيَّام واحدة من بنات الهوى عشقت غلامًا من الأتراك فمرض، فنذرت لنفسها إن عوفي في مرضه لتقرأنَّ له مولدًا... وبعد أيَّام عوفي من مرضه، فجمعت شلكات البلد وهنَّ المومسات ومشين في أسواق الشام وهنَّ حاملات الشموع والقناديل، وهنَّ يغنِّين ويصفِّقن والناس وقوف، وهنَّ مكشوفات الوجوه سادلات الشعور، وما من ناكر لهذا المنكر والصالحون يرفعون أصواتهم ويقولون الله أكبر»[4].

ولعلَّ تكرار مثل تلك الحوادث، كان سببًا في منع الفساد من الخروج إلى بعض أطراف

(1) انظر: مبيضين، مهنَّد، شكوى أهالي محلَّة الظاهر بيبرس في دمشق، ص32-53.

(2) البديري، أحمد، حوادث دمشق، ص 57.

(3) المصدر نفسه، ص 92.

(4) البديري، أحمد، حوادث دمشق ، ص 112.

المدينة كحيِّ الصالحية[1]، لكنَّ الفساد لم يكن من جانب النساء وحدهنَّ، إذ يعرض ابن كنَّان لأخبار كثيرة تتعلَّق بالزعران[2]، أو مصرع كبير زعران المزابل[3]، أو قتل بعض رجال العيَّارين[4] وطرد الأراذل من دمشق[5]، ويبدو أنَّ الفساد وصل إلى حدٍّ انتشار شهادة الزور فيتمُّ تجريسهم[6] أو ما يقترب من مثل هذه الأخبار كاغتيال مراهق[7].

ويتَّصل بمثل هذه القضايا التعدِّيات التي كان يقوم بها بعض الساعين إلى الفساد وإثارة الفوضى سواء في المدينة أو الريف، إذ يسجِّل السجلُّ الشرعي بعض الحالات التي كثرت فيها تعدِّيات المفسدين «وما يعملوه من القتل للنفوس ونهب الأموال»[8]، ما استدعى تعيين بعض الزعماء للمحافظة على الأمن في القرى والنواحي التي كانت تشكو من انعدام الأمن.

ويورد الخوري ميخائيل بريك الدمشقي، عدَّة إشارات تُظهر تورُّط عساكر الولاة في إثارة أعمال الشغب والنهب والفوضى، وهو ما حدث سنة 1171هـ/ 1758م، ففي تلك السنة التي كانت دمشق فيها تشهد انتهاء حقبة حكم أسعد باشا العظم، تعرَّضت قافلة الحج لأسوأ عملية اعتداء من قبائل البدو، نزل عسكر الباشا الجديد وأمر بالنهب والقتل وكانت بدايتهم «من عند جامع السنانية ونهبوا الجانبين من الميدان دكاكين وبيوت حتَّى انتهوا إلى خارج بوابة الله ونهبوا بيوت الأكابر والأصاغر والرعيَّة... وشلحوا الحرم والبنات وما راح من العرض...»[9]. وقد عانى أهل دمشق بمختلف فئاتهم من المجاميع الاجتماعية من بطش العسكر في لحظات التوترّ.

ويورد السجلُّ الشرعي مسائل متعدِّدة عن قضايا المتبرِّجات وغياب أزواجهنَّ مدَّة طويلة عنهنَّ وانعدام نفقتهن، إذ اشتكت لدى القاضي «مريم بنت رمضان المالكي على زوجها عبيد

(1) ابن كنَّان، محمَّد، الحوادث اليومية، ص 333.

(2) المصدر نفسه، ص 78.

(3) المصدر نفسه، ص 150 «وفي يوم السبت ربيع أوَّل سنة 1121هـ قتل الباشا السيد علي قنبر الساكن بحارة المزابل، كان شجاعًا مهابًا لا يهاب الرجال له عصبة من زعران الحارات».

(4) ابن كنَّان، محمَّد، الحوادث اليومية، ص236 «وفي يوم الخميس قطع الباشا أيادي وأرجل رجلين من أهالي الأذى والعياقة وحِيَل النشل والسرقة، وكان لهم في ذلك أخبار وقصص ممَّا لا يدركه العقل».

(5) ابن كنَّان، محمَّد، الحوادث اليومية، ص57.

(6) ابن كنَّان، محمَّد، الحوادث اليومية، ص467.

(7) ابن كنَّان، محمَّد، الحوادث اليومية، ص 253.

(8) سجل شرعي،61، حجة 200، ص 101، 8 رمضان 1139هـ/ 1726م.

(9) بريك، ميخائيل، تاريخ الشام، ص 50.

بن عبد الله البعلي لغيابه أكثر من تسعة أشهر وتركها بدون نفقة...»[1].

وتقدِّم مجاميع الفتاوى الدمشقية عددًا كبيرًا من قضايا النفقة والطلاق والزواج[2]، كما تشير إلى بعض القضايا الخاصَّة بالنساء من باب الإيذاء وعدم الاحترام، إذ يرد في أحد الأسئلة التي وُجِّهت إلى مفتي دمشق «ما قول مولانا في رجل تزوَّج بنتًا من البلدة ثمَّ صار يؤذيها ويكلِّفها المشاق بدون وجه شرعي ويتركها، ويطلب أن ينقلها من المصر إلى قرية بعيدة لا يعود الذاهب إليها من يومه، وسكَّنها وغيرهم من الأجانب ليستعملها الفلَّاحون في أعمال شتى بدون رضاها ولا وجه شرعي، فهل يمنع من ذلك وِلَّا يُطلِّق، للزوم في زماننا نقلها من المصر إلى القرية، الجواب: يمنع من ذلك والحالة هذه «النقل من المصر إلى القرية»[3].

بيوت الأكابر

أخذ البيت والدار الدمشقية، اهتمامًا محلوظًا في الدراسات التاريخية والحضرية، ولعلَّ هذا الاهتمام نابع من نظرة الدمشقيين للبيت والدار، فلهم عناية كبيرة في بيوتهم تحديدًا من الداخل، فهي جنَّتهم الصغيرة التي أبدعوا في تزيينها. ولكنَّ المصادر المحلِّية في الزمن العثماني لا تنقل الصورة عن بيوت الناس العاديين، واقتصرت فقط على بيوت الأكابر والأعيان.

وللبيوت الدمشقية نسيجها الخاص، فالناظر لدمشق قد يرى فيها صورة بناء ضخم واحد، حيث ترتبط البيوت ببعضها فلا مجال لأيِّ فراغ أو فسحة بينها. وقد بُنيت هذه البيوت من حجارة بسيطة بما يقارب ثلاث أو أربع أذرع من سطح الأرض، ويرفع البناء باللبن والطوب أو الطوب والخشب، ويستخدم الطين الأحمر أو الشيد، وتمركز البناء الحضري حول مفهوم الحارة التي شكَّلت عالمًا مستقلًّا بذاته، ومن أبرز حارات دمشق حارة باب شرقي وحارة باب توما وحارة القيميرية وحارة الشاغور الجواني ومئذنة الشحم وهي داخل السور القديم، وهناك حارات خارج السور ومنها: الميدان بحاراته المتعدِّدة وركن الدين والحلبوني وساروجا وغيرها، وهذه الحارات شكَّلت تاريخ المدينة ونسيجها المتين عبر القرون.

---

(1) سجل شرعي، 30، حجة 620، ص 83، 16 جمادى الآخرة 1211هـ/ 1796م.

(2) انظر هذه المجاميع لـ: النابلسي، عبد الغني، مجموع فتاوى، ص 112-212، باب الطلاق والنفقة.

(3) العمادي، محب الدين، مجموع فتاوي، ورقة 3/ ب.

ثمَّة تصميم موحَّد في بناء البيوت الدمشقية. إنَّ هذه الدور المنفتحة على الداخل والمغلقة نحو الخارج عبارة عن أبنية ذات أفنية داخلية وإيوان، فخلف الواجهات الخارجية البسيطة تنفتح الغرف على الباحة الداخلية، التي يتمُّ الوصول عبرها إلى غرف الطابق الأرضي مباشرة بينما يتمُّ الوصول إلى غرف الطابق العلوي عبر درج ورواق مسقوف أو مكشوف. وتمَّ تطبيق هذا التصميم على أساس باحة واحدة في البيوت العادية. أمَّا الدور الفخمة فإنَّها في الغالب على هيئة مجمع معماري مؤلَّف من عدَّة باحات متَّصلة مع بعضها بعضًا، علمًا أنَّ الانتماء الديني لصاحب البيت يمكن أن ينعكس أثره في تصميم مسقط البيت نفسه[1].

والناظر إليها من الخارج يغفل عن سرِّ الجمال الداخلي لها، فمن الداخل تحتوي الكثير من الزخارف والنباتات العطرية وأشجار الليمون، التي تحفُّ برك الماء الصغيرة والنوافير، وأصص الورد، وكأنَّك دخلت من باب صغير لا يوحي بما يوجد وراءه إلى بلاد العجائب، أو جنَّة دمشقية صغيرة. ومن أبرز ملامح البيوت الدمشقية التقليدية الدار السماوية وبركة المياه والإيوان، وشاع في القرن التاسع عشر الطراز المعماري الأوروبي والإيطالي خاصَّة، فجاءت نوافذها وشرفاتها مفتوحة على الخارج[2].

من حيث ارتباط البيوت والدور بالمكانة الاجتماعية تذكر لنا المدوَّنات التاريخية واليوميَّات الشامية مصطلح الأكابر والأعيان، وبقدر ما يقدِّم المصطلحان مفهومًا لمجموعة سكَّانية متقاربة مع بعضها نفوذًا وثروة، وفي المصالح المتشابكة إلَّا أنَّها لا تفصل هذه المجموعة من الأكابر والأعيان عن المجتمع، بل إنَّها شاركت المجتمع نضالهم في العصر العثماني ضدَّ الاستبداد وفوضى الحكم.

ومن الدور الحسنة التي تعود للقرن الثامن عشر دار الأسطواني التي يذكرها المؤرِّخ ابن كنَّان الصالحي والمشمولة بوقف الأسطواني، وكانت تقع في زقاق الحمزاوي، إلى ناحية الشمال من قصر العظم الشهيد، وآخر ساكنيها من آل الأسطواني الشيخ عبد المحسن الأسطواني (ت:1383هـ/ 1963م)[3].

وهناك دار اسماعيل العظم التي أنشأها غربي المدرسة الجوزية وهي لصيقة بمدرسة عبد الله باشا العظم. وكانت هذه الدار مقرًا لأولاد اسماعيل العظم لاحقًا[4]. ومن الدور الشهيرة

(1) زاك، دورتيه، دمشق وتطور بنيان مدينة شرقية، ص 52.

(2) قساطلي، نعمان أفندي، الروضة الغنَّاء في دمشق الفيحاء، ص51.

(3) ابن كنَّان، محمَّد، الحوادث اليومية، ص 32.

(4) ابن كنَّان، محمَّد، الحوادث اليومية، ص 222، 425.

دار أحمد أفندي العُكري الذي يصفه ابن كنَّان أنَّه «من أعيان الشام وهو قاضي مكَّة المشرَّفة»، وكان لدخوله دمشق سنة (1115هـ/ 1703م) استقبال مشهود من قبل الأكابر والأعيان. وتقع داره غربي البيمارستان النوري ويذكر ابن كنَّان أنَّه كان له دار باسطنبول وأنَّه «تسرَّى بجوارٍ ووُلد له، جاء بهم إلى الشام»[1]. ويشير ابن كنَّان إلى دار أحد أقطاب الصوفية بدمشق، وهو الشيخ عبد الغني النابلسي، وهي الدار التي أنشأها في منطقة السهم في حيِّ الصالحية وأقام فيها حفلًا لختان أحفاده.[2]

ومن أشهر الدور الدمشقية التي يصفها ابن كنَّان دار الشيخ عبد المعطي الفلاقنسي (1122هـ/ 1710م) الذي كان من رؤساء دمشق وأعيان كتَّابها، وهو من أجلِّ ذوي الأقلام الدفترية وكان ذا ثروة باذخة ومسؤولًا عن تموين العساكر «كلار أميني»، وأمَّا وصف داره فيقول فيها ابن كنَّان: «وأمَّا داره فلم يكن أحسن منها، فإنَّها على ما قيل سبع دور، كثيرة الأزهار والأشجار والبحرات المرتفعة والنوافر العالية، والقاعات المذهَّبة بالدهون المدهشة الغريبة، والنقوش المتقنة العجيبة، ولم يكن أحد من أهل الثروة أتقن تدبير المنزل مثله، خصوصًا في مدَّة ما صار أمين الكلار[3]، ممَّا لم يسبق إليه، ولعلَّ ذلك مرتبط بطبيعة الوظيفة التي كان يشغلها صاحب الدار والتي انعكست على بيته.

وفي هذه الدار مجموعة بيوت حسب وظائفها، ومنها: «بيت للعطريات، فضمَّ إليه الفستق واللوز والصنوبر وأنواع المشمش والزبيب والتمر الهندي والأجاص وغير ذلك. ومكان السكاكر ومكان المربايات ومكان لجمع المياه، ومكان لسان الثور، والهندبا والقرنفل، ومكان الأطياب[4]، كالعود والعنبر والمسك والأشياء الطيِّبة والعطر شاهي والمكَّاوي ونحو ذلك، واللبان المصرية والملبَّس من الفلفل والقرنفل، والبانة والبنّ والبندق واللوز والتمر، ولكلٍّ منها خادم، ومكان للأدوية يعملها له الأطباء من الحبوب والمعاجين والترياقات والمراهم، بحيث إذا جاء الحكيم، يعمل الأدوية عنده. وجميع الأصناف عنده من كلِّ شيء منها، حتَّى العقاقير، مكتوب في الدفاتر على الخادم خوف النسيان»[5].

---

(1) ابن كنَّان، محمَّد، الحوادث اليومية، ص 82.

(2) المصدر السابق، ص 162.

(3) هو المسؤول عن تموين العساكر: «الكلار أميني» ابن كنَّان، محمَّد، الحوادث اليومية، ص 172.

(4) ابن كنَّان، محمَّد، الحوادث اليومية ، ص 172.

(5) المصدر السابق ، ص 172- 173.

وفي بيت الأدهان هناك أكياس الورد والبنفسج واليقطين، وثمّة بيتٌ آخر «فيه أنواع العسل والسَّمن إلى غاية ذلك والعطريات، ثمَّ مكان آخر للمربَّايات السكَّرية يجلبها من أيِّ جهة كانت لمربَّى الجوز واليقطين والتُّرنج والبطيخ، ممَّا يمكن أن يعمله في الشام، وإلَّا يجلبه من محالِه كجوز الهند المربَّى والزنجبيل المربَّى وغير ذلك، ولها خادم مكتوب عليه، ومكان للمخلَّلات الغربية كمخلَّل العنب الزيني وغيره، ومكان تطلع من الآلات السماعية، حتَّى قيل عنده كان الأرغلا/ الأرغون، يخرج منها أربعٌ وعشرون نغمًا»[1].

ويشير ابن كنَّان إلى وجود آلة للتسلية في بيت الفلاقنسي، جلبها من بلاد الفرنج، وهي إشارة مبكرة لصندوق العجب وهي عبارة عن «صندوق بدولاب يحرَّك فيفتح عن صورة وتماثيل تضرب بالدفِّ وبالعود بطريقة الجنكيَّات، أشباح بلا أرواح». ومن مظاهر الترف في هذا البيت أنَّ صاحبه عمل فيه «خلْف القاعة حوضًا من عجايب الدنيا، مغطًّى بالبلور عند الشباك، على دوم الدهر أزهاره يانعة، وألوان أنواع نقوشه ساطعة، على مدى الأيَّام، وإنَّما جُعل عليها البلور خوفًا من الغبار... وله مقعد كلُّه من البلُّور، وفيه رفوف عليها الفواكه الفرنجية، من الرمَّان واليقطين والبطِّيخ والكبَّاد والنارنج الفرنجي، مصنوعًا من شمع لا تظنُّ إلَّا أنَّه حقيقة. وإذا ورد عليه أحد من الأكابر يحضر له ما يليق من الضيافة من غير أن يتكلَّم أو يشير»[2].

وفي عام 1163هـ/ 1749م، بُني في دمشق أشهر بيوت حكَّامها وولاتها، وهي دار أسعد باشا العظم المعروفة حتَّى اليوم بقصر العظم، وقد أورد المؤرِّخ البديري الحلَّاق وصفًا لبنائها وما أنفق عليها وما أحضر إليها من نوادر الحجر وأعمال البناء من مختلف الدور القديمة ومن ريف الشام، فقال في ذلك: «وفي تلك الأيَّام أخذ أسعد باشا دار معاوية رضي الله عنه، وأخذ ما حولها من الخانات والدُّور والدكاكين وهدمها وشرع في عمارة داره السرايا المشهورة التي هي قبلي الجامع الأموي، وجدَّ واجتهد في عمارتها ليلًا ونهارًا، وقطع لها من جملة الخشب ألف خشبة، وذلك ما عدا الذي أرسله له أكابر البلد والأعيان من الأخشاب وغيرها، ورسم على حمَّامات البلد أن لا يباع قصرمل[3] لأحد، بل يرسل لعمارة السرايا، واشتغلت بها غالب معلمي البلد ونجاريها، وكذلك الدهانين، بل قلّ أن يوجد معلِّم متقِن أو نجَّار أو دهَّان كذلك

(1) المصدر السابق، ص173.

(2) ابن كنَّان، محمَّد، الحوادث اليومية، ص 173– 174 .

(3) القصْرمل، من «القصر» العربية: ما يبقى في الغربال من نفاية رماد الزبل، كان يُجمع من قميّم الحمّام، ومن «المَلّة» بفتح الميم: الرماد الحار. على أنهم أطلقوا القصرمل على ما ينزل من الغربال من هذا الرماد لا ما يبقى فيه الذي سموه: الجمْش.

إلَّا والجميع مشتغلون بها، وجلب لها البلاط من غالب بيوت المدينة، أينما وُجد بلاط أو رخام وغير ذلك، مثل عواميد وفسافى يرسل فيقلعهم ويرسل القليل من ثمنهم»[1].

يتَّفق بيت السباعي، الواقع جنوب الشارع المستقيم وغربي شارع الباب الصغير مع متطلَّبات التصميم المعماري لبيوت وجهاء المسلمين المؤلَّفة من ثلاث باحات. ولقد رأينا تقسيم البيت إلى قسم للعائلة وقسم للضيوف وقسم للطبخ في مثال قصر العظم. ثمَّة كتابتان منقوشتان تؤرِّخان بيت السباعي، الأولى بسنة 1183هـ/ 1769-1770م، والثانية بسنة 1187 هـ/ 1773-1774م[2].

نترك القرن الثامن عشر ونصل إلى القرن التاسع عشر، فيطلُّ نعمان أفندي القساطلي في كتابه «الروضة الغنَّاء في دمشق الفيحاء» ويحدِّثنا عن فرش البيوت الدمشقية الذي يوحي باقتدار صاحبه، فمنها ما يحتوي الفرش الشرقي من مقاعد ومساند وسجَّادات وبُسط، وهذا حال بيوت الناس العاديين، أمَّا عن الأغنياء والأكابر فيذكُر أنَّهم قاموا بفرش بيوتهم بالأثاث الغربي، مبقين على حجرة فرشها شرقي، وفي بعض الدور قاعات رفيعة مدهونة بأجمل الألوان، وفي وسطها برك يُجرُّ إليها الماء.

وغالبيَّة بيوت الأكابر والأعيان تحتوي في ترتيبها إيوانًا على جانبيه حجرة في كلِّ جانب، وبقيَّة الحجرات تتقابل. وما ميَّز هذه البيوت في التصميم وجود ما يسمَّى الفرنكات (الشرفات) وهي تتبع للغرف العلويَّة ويغشاها بلُّور ولها نوافذ كثيرة، وتقع فوق الحجرات المتقابلة وغرف المؤونة تحت الأرض.

وتُعتبر دار عبد الله بيك العظم، الواقعة في طرف سوق البزورية الشمالي، من أكبر بيوت الأكابر ونموذجًا في العمارة والزخرفة وإظهار البذخ، حيث يُقال إنَّها تحتوي على ثلاث مئة وستين حجرة، بين حجرات سفلية وعلوية، كما تحتوي عدَّة برك مائية، وهي مفتوحة للسائحين[3].

ومن دُور الأكابر التي يذكرها نعمان أفندي، دار حبيب أفندي الصبَّاغ في حيِّ النصارى التي بناها متري شلهوب سنة 1866م، ودار انطون أفندي الشامي، ودار سعيد أفندي قوتلي بجوار الجامع الأموي، ودار حسن آغا البارودي، ولكنَّ قساطلي يتوقَّف عند دار الخواجة يوسف أفندي عنبر ويصفها بقوله: «ودار يوسف أفندي عنبر موقعها في حيِّ المنكنة ويعزُّ وجود نظيرها

(1) البديري، أحمد، حوادث دمشق، ص 141.

(2) زاك، دورتيه، دمشق وتطوُّر بنيان مدينة شرقية، ص 52.

(3) القساطلي، نعمان، الروضة، ص53.52، 54.

في أوروبا لأنَّه فضلًا عن اتِّساعها العظيم وانتظام هندستها وسِعَة بُركها وكثرة مياهها ورصف أرضها بالرخام الملوَّن ترى جدرانها قائمة على كلِّ دوائرها من رخام ملوَّن منقوش بأجمل النقوش بنوع لم يوجد له مثيل في دمشق وخلافها... وهذه الدار تستحقُّ الفرجة وإمعان النظر لما بها من دقَّة صناعة البناء والنقش وإنَّها بنقوشها الكثيرة أشبه بقلعة بعلبك». وقال غيره إنَّ دار الخواجة عنبر لو احتوت على عظم الحجارة مع ما بها من غرائب صنعة النقش لساغ لنا القول إنَّ بعلبك جديدة بنيت في عصرنا، وقال آخر من لم يمكنه التفرُّج على نقوش بعلبك الجميلة يقدر أن يستغني عنها بالتفرُّج على دار الخواجة عنبر. وكان الشروع في بنائها سنة 1867 واشتغل بها العملة بضع سنين ولم تكمل بعد لأنَّ أحوال بانيها قد تأخَّرت وما بني منها كانت نفقته 42 ألف ليرة ومواد البناء والأجور رخيصة ولو شَرع في بنائها يوم بُنيت دار المرحوم أنطون الشامي المار ذكرها لكلَّفت 90 ألف ليرة، ومن عرف رخص مواد البناء في دمشق وبخس أجور العَملة لعلم حالة الدار التي كلَّفت تلك المبالغ العظيمة...»[1].

بين القرن السادس عشر ونهايات القرن التاسع عشر توسَّعت دمشق وزاد عدد البيوت، إذ ذكر ابن الحمصي مطلع العهد العثماني في عام 930هـ/ 1524م أن وقع إحصاء لبيوت دمشق و«ذكروا أنَّ عدد بيوت دمشق ثمانية آلاف بيت وسبعمائة، وأنَّ عدد قراها عشرة آلاف قرية»[2]. وبلغ عدد دور دمشق كما يشير قساطلي في التقرير الرسمي لسنة 1288هـ/ 1871م، ما يقارب 14696 دارًا لكلِّ الطوائف[3].

لكنَّ بيوت دمشق بقدر ما تمثِّل من نسيج عمراني، تنضوي فيه ضمن النطاق الحضاري للمدن الشرقية، إلَّا أنَّ هذه البيوت بيوت الصفوة والنخبة والأعيان قد رسمت نوعًا من التشابك في العلاقة بين النفوذ والثروة، فأينما كان النفوذ كانت الثروة تنعكس بشكل واضح على ممارسات أصحابه.

فالبيوت المشار إليها في المصادر، والتي بناها ولاة وعلماء وكبار وقادة جند وكبار موظَّفي الأقلام خلال الحقبة العثمانية، كانت شاهدة على نوع من التطوُّر العمراني، الذي ساهم فيه الوجهاء المحلِّيون في مقدِّمتهم الولاة الذين قاموا بإنشاء المباني بأنفسهم. ولقد امتدَّ هذا النشاط إلى الزوايا والمساجد والمدارس، بالإضافة إلى بيوت الخاصَّة والقصور.

(1) القساطلي، نعمان، الروضة، ص 54.

(2) ابن الحمصي، أحمد، حوادث الزمان، ص 571.

(3) المصدر السابق، ص55.

هذا الإسهام العثماني والاهتمام بالعمران من ولاةٍ كبار أمثال درويش باشا ومراد باشا وسنان باشا ترك إرثًا معماريًا غنيًّا، ولعلَّ أهمَّ المجتمعات العمرانية ما تركه الوالي سنان باشا الذي أوقف في نهاية القرن السادس عشر وبعد أن أصبح وزيرًا، مجمَّعًا عمرانيًا بالقرب من باب الجابية.

لكنَّ استقرار الأوضاع لاحقًا وبدءًا من منتصف القرن السادس عشر، ووصولًا إلى نهايات القرن التاسع عشر، هو الذي ساعد في نموِّ العمران وارتفاع عدد البيوت الدمشقية إلى ما يقارب الضعف، حيث نقرأ ملاحظة ابن الحمصي عن بيوت دمشق وعددها ومعلومة نعمان القساطلي عن إحصاء البيوت وعددها.

في القرن الثامن عشر، عمل ولاة أسرة آل العظم على إظهار ثروتهم، وشيَّد كلُّ والٍ منهم قصرًا لنفسه. وبما أنَّ أسرة العظم استقرَّت تدريجيًا فقد ساهم الاستقرار التدريجي بظهور أحياء راقية وذات بناء متميِّز عن بقيَّة المباني، وهذا ما يؤكِّده دورتيه زاك[1]، حيث نشأت تلك البيوت في أربع مناطق من المدينة، وهي تتجمَّع في الجنوب حول بيت السباعي، وفي الجنوب الشرقي بالقرب من بيوت آل فارحي، وفي الشمال الشرقي حول بيت آل النابلسي وشمال الجامع الأموي في المنطقة المحيطة بيت القوتلي. اللافت أنَّ تلك البيوت الفخمة لم تنشأ في شرقي المدينة (حيث حيُّ النصاري) أو في غربها، في حين نشأت أولى البيوت الفخمة خارج أسوار المدينة، وذلك في حيِّ سوق ساروجا والعقيبة وبفضل تجارة الحبوب في حيِّ الميدان[2].

الكرب العظيم... رؤوس الفرنج في دمشق

لا تبدو أخبار دمشق مطلع العهد العثماني وفي عصر السلطان سليمان بن سليم شاه سارَّةً، بل يسودها الاضطراب والفوضى والغلاء الفاحش والتحسُّر على ارتفاع الأسعار، وفي المقابل فإنَّ رخص الأسعار لم يكن مطلوبًا من أهل الحرف والكارات، وذلك ما يشير إليه ابن طولون الصالحي في أحداث شهر جمادى الأولى لسنة (923هـ/ 1517م) بقوله: «وفي يوم الاثنين حادي عشر نودي بدمشق على المشمش الحموي كل رطل بدرهم وما دونه بثلاث أرباع ثمَّ نودي فيه

(1) زاك، دورتيه، دمشق تطوُّر وبنيان مدينة شرقية، ص 52.

(2) المصدر السابق، ص 53.

على الخبز كل رطل بدرهم ونصف وكل قنطار طحين بمائة وثلاثين وكماجة بمائتين إلا اثني عشر درهمًا، ولم يرض الطحَّانون والخبَّازون بذلك»[1].

وهذا ما يرصده المؤرِّخ المعاصر للحدث الشهير بابن الحمصي، وهو هنا يربط الفوضى بانتشار العسكر في المدينة، فيقول في أحداث عام (927هـ/ 1521م): « وتزايد الغلاء بدمشق، وسبب ذلك كثرة العساكر حتَّى أنَّه يبيع رطل اللحم بستة عشر درهمًا، مع قلَّة وجوده، والأرز الرطل باثني عشر درهمًا، والسمن بأربعين درهمًا، والزيت الرطل بأربع وعشرين والسيرج كذلك، ووصلت الغرارة والقمح إلى ثمانية عشر دينارًا وغلت الأسعار وتزايدت، وحصل على المسلمين مشقَّة زائدة، وتفصيل غلو الأسعار يطول شرحه. وبالله المستعان»[2].

ومع أنَّ هذا الوصف تزامن مع الوصول العثماني لدمشق وتمركز عدد كبير من العسكر فيها، حتَّى أنَّهم «تماروا على المدينة وغوطتها، فنهبوا كلَّ شيء وأخرجوا الناس من بيوتهم»[3]، الَّا أنَّ هذا الغلاء استمرَّ لاحقًا، بل أصاب الحجَّاج في رحلتهم سنة (928هـ/ 1522م) حيث أنَّهم حين دخلوا دمشق في ذلك العام أُخبِروا أنَّ الغلاء وقع عليهم في طريق العودة»، وأنَّه أُبيع المُدّ الدقيق بسبعة أشرفية ورطل التمر بخمسة أشرفية وأُبيع البقسماط الواحد بسبعين، وسبب ذلك وصول العسكر الرومي المتوجِّه من الشام إلى العلا، فوجدوا الودائع التي أودعها الحجَّاج في العلا، فاستولوا عليها وأكلوها فلم يجد الحجَّاج ما يأكلونه»[4].

ويبدأ العصر العثماني بحديث ابن طولون عن اليسق العثماني، وتخوُّف أهل دمشق منهم بقوله: «في ذي الحجَّة سنة 923 هـ/ 1517م، نودي بالصالحية أنَّ أهلها الكبار والصغار يحضرون إلى عند الصوباشي، لأجل فريضة تفرض عليهم، وقدرها على كلِّ شخص أشرفي؛ فتشوَّش الناس بسبب ذلك، وقيل هذا يسق العثمانية في بلادهم على كلِّ شخص في كلِّ عام، ووجِّه إلى سائر الحارات»[5].

وكان أكثر ما يزعج أهالي دمشق الضرائب التي تُفرض من دون حقٍّ، ومنها الضرائب المسمَّاة بالرميات والتي لم يكن أهل الشام يعرفونها، وهذا ما حدث في شهر محرَّم سنة 923 هـ/ 1517م،

---

(1) ابن طولون، محمَّد، مفاكهة الخلان، ج2، ص 35.

(2) ابن الحمصي، أحمد، حوادث الزمان، ص 545.

(3) ابن أجا، محمَّد، العراك بين المماليك والعثمانيين، ص 267- 268.

(4) ابن الحمصي، أحمد، حوادث الزمان، ص 553.

(5) ابن طولون، محمَّد، مفاكهة الخلان، ج2، ص 77.

«وفي هذه الأيَّام رمى نائب الغيبة على أهل حارات دمشق الخارجية عنها دراهم على كلِّ حارة ألف درهم. ولبغضه لأهل الصالحية جعل عليهم ثمانية آلاف بسبب المبشر بسلامة الحجِّ قبل ذلك، ليعطيه إياها، ولم نعلم دفع في دمشق قبل هذه المرَّة، ولا قوَّة الَّا بالله»[1].

وكانت حارات دمشق مثلما هي عرضة لفرض الضرائب، والرسوم والمناداة على مقدِّميها وأعيانها، فإنَّها مجال عام لعرض الانتصارات ومشاهد الفرح حتَّى وإن كان في تلك المشاهد عرضٌ للجثث، وقد حدث أن وصل الجند لدمشق بالانتصار العثماني على الفرنج في مستهل شهر ذي القعدة سنة 926 هـ/ 1520م، وكان إعلان هذا النصر في المدينة: «حُملت إلى دمشق خمسة أحمال من رؤوس الفرنج المقتولين بساحل بيروت وفرِّقت على الحارات، وكلِّ الصالحية وميدان الحصى والقبيسات والشاغور وحارة النصارى وحارة اليهود عند بستان القطِّ، وحارة السمرة فوق العنابة، واستمرَّت إلى أن أكل غالبها الكلاب»[2].

هو حدث استثنائي أن يرى الدمشقيون هذا المشهد، لكنَّه إعلانٌ مبطنٌ للدمشقيين عن قوَّة الدولة ودورها في حماية ثغور الإسلام ودولته من الفرنج.

مع مرور الوقت استمرَّ المؤرِّخون في رصد أحوال المجتمع، ولا يُخفي كُتَّاب اليوميَّات الدمشقية مسؤولية الولاة عن فساد الأخلاق واضطراب الأحوال الاجتماعية والاقتصادية، فهم إن كانوا ينقلون يوميَّات مدينتهم بأسلوب أدبي لا يخلو من التشويق، فإنهم في الجانب الآخر لا يخفون نقدهم الذي جاء في صيغ متعدِّدة وفي مواضع مختلفة.

يقول ابن كنَّان الصالحي: «وفي يوم السبت، أفرج عن أمرد من العُلُوق كان محبوسًا في القلعة من مضي شهر كان قد قتل أمَّه بالسيف، وضربها في خاصرتها لكونه طلب منها دراهم، نحو العشرين قرشًا فلم تعطه، ثمَّ سمحت جدَّته أمُّ أمِّه عن دمه فأطلق ولا قوة إلَّا بالله»[3].

ويعلِّق البديري الحلَّاق على حالات الغلاء وانعدام الرقابة على السوق واحتكار بعض السلع بقوله: «وكلُّ ذلك من عدم تفتيش الحكام»[4]. وفي وضع آخر يقول: «والغلاء بهذه الدرجة ولم يكن محل ولا جراد ولا قلَّة مطر، ولكن ذلك من قلَّة التفتيش والالتفات»[5]، وترد إشارة

(1) ابن طولون، محمَّد، مفاكهة الخلان، ج2، ص 93.

(2) ابن طولون، محمَّد، مفاكهة الخلان، ج2، ص 122.

(3) ابن كنَّان؛ محمَّد، الحوادث اليومية، ص 121.

(4) البديري؛ أحمد، حوادث دمشق، ص 25.

(5) البديري؛ أحمد، حوادث دمشق، ص 49.

هنا إلى مساهمة الحكّام في خزن السلع والمساهمة في عمليّات الاحتكار حيث أشار البديري إلى ذلك صراحة حين قال: «والخبز لا يوجد والحكّام يخزنون وأهل البلد يقتلون كفعلهم، وإلى الله المصير»[1].

وفي سنة 1197هـ/ 1783م يذكر ميخائيل الدمشقي، أنَّ سكّان دمشق عانوا من غلاء الأسعار، الذي كان متكرِّر الحدوث، ويصف أحوال تلك السنة بالقول: «نرجع إلى ما كنّا فيه من أمر البلد، وهو أنَّه زاد الغلاء بجميع القوت، ولا عاد وجد الخبز الأسود... وطفشت الرعيَّة للشحادة من كلِّ جانب»[2].

أمَّا الفقر فهو ظاهرة عمَّت جماعة واسعة من أهل الشام، ووقفت الدولة فيها موقفًا سلبيًا، فلم تعمل على مساعدتهم وتخفيف معاناتهم، وهنا تجد البديري يقول: «وكان غالب قوت أهل الشام خبز الذرة والشعير، والفقراء ما لهم من دون الله معين ولا نصير»[3].

وفي حالة نقل المصادر لتلك الحالات فإنَّها تنتهي بتعابير دالَّة على سوء الأحوال وتفشّي الفساد، ومنها «والأمر لله العلي الكبير»[4]، «والناس في كرب عظيم»[5]، «نسأل الله تعالى اللطف»[6]، و«الخلق في تعب بال»[7].

ويبدو واضحًا أنَّ صوت الناس، في الاحتجاج على مظاهر الفساد والغلاء، كان قادرًا على أن يؤثِّر في بقاء الولاة أو عزلهم، كما أنَّ تضامن العلماء مع الفئات الفقيرة كان واضحًا، في عدَّة حوادث وبخاصَّة حين كانت الدولة أو الولاة يعمدون إلى فرض ضرائب جديدة على السكّان[8].

وفي ظلِّ تواتر الروايات والأخبار عن الفوضى في مجتمع دمشق، نلاحظ أنَّ السلطة السياسية لم تكن تمارس دورها في حفظ الأمن والاستقرار كما ينبغي عليها أن تفعل، وإنَّما

---

(1) البديري؛ أحمد، حوادث دمشق، ص 38.

(2) بريك، ميخائيل، تاريخ الشام، ص58.

(3) البديري، أحمد، حوادث دمشق، ص 106.

(4) البديري، أحمد، حوادث دمشق ، ص 72.

(5) المصدر السابق، ص 126.

(6) المصدر السابق، ص 132.

(7) المصدر السابق، ص 138.

(8) ابن كنّان، محمَّد، الحوادث، ص78. يروي رفض الفقيه أبي المواهب الحنبلي للضرائب التي فرضها والي دمشق على التجار، وتضامن أغوات الشام معه، ومطالبة الوالي بالإفراج عنه بعدما حبسه. ويسرد ابن كنّان حوادث عدة شهدت وقوف العلماء إلى جانب العامة، انظر الصفحات، 82، 130، 221، 363.

تركت المجتمع يعاني الكثير من حالات الفوضى، التي شاركت فيها قوى السلطة العسكرية أحيانًا، ويبدو أنَّ تركيبة المجتمع الدمشقي المكوَّنة من فئات اجتماعية تتداخل العلاقات فيما بينها، وكان لكلٍّ منها سلطتها المرجعية، قد سمحت بتواري السلطة السياسية خلف الدور الذي كانت تمارسه وتؤدِّيه البنى التقليدية للمجتمع.

في مواجهة اهتمام تواريخ الأعيان والتراجم بطبقة العلماء ورجال الإدارة والولاة والسلاطين، تساعد المصادر التاريخية اليوميَّة بنقل صورة عن أوضاع الناس والسوق، وهي صورة تثبت أنَّ اهتمام مؤرِّخي اليوميَّات الدمشقية، تحلَّلت من الاهتمام بالرموز السياسية وأحداث الزمان، وهو ما تؤكِّده جملة أخبار محلِّية، إذ إنَّ مؤرِّخًا مثل ابن جمعة المقار لم يفتتح تاريخ ولاية سليمان باشا العظم سنة 1146هـ/ 1733م بذكر مثالبه أو سجاياه، بل اتَّجه إلى تدوين حال المدينة والناس كما في الخبر الآتي:

> [.. وفي تاسع شعبان نهار الخميس دخل والي دمشق سليمان باشا عظم زاده المنفصل عن صيدا... وكان الغلاء بدمشق ونواحيها، فكانت الغرارة من القمح بثلاثة وخمسين قرشًا، والرطل اللحم بزلطة، والسمن نصف الرطل بقرش، والدبس أربعة أرطال بقرش، والجبن الرطلين بقرش، وبيضة الدجاجة بخمس قطع، فلا حوال ولا قوة إلا بالله العظيم..][1]

وإذ تتكرَّر أخبار الناس بالحياة اليومية في مصادر التاريخ المحلِّي لمدينة دمشق، فإنَّها تؤكِّد على أنَّ كتابة التاريخ استطاعت أن تنتمي إلى مجتمع المدينة أكثر من الاهتمام بنخبتها السياسية، وفي يوميَّات البديري الحلَّاق وابن كنَّان الصالحي الكثير من الروايات والأخبار التي ترصد أصوات الناس وأخبارهم سواء بأخبار الأسواق وما فيها من غلاء أسعار واحتكار للسلع وشحٍّ للخبز، أو في الاهتمام بالأفراح والمواكب، والأمراض وغيرها[2].

(1) المقار، ابن جمعة، الباشات والقضاة، ص65.

(2) حول أخبار الأسواق والأسعار والحياة اليومية في دمشق إبان القرن الثامن عشر الميلادي انظر: ابن كنَّان، أحمد، الحوادث اليومية، ص ص: 13، 106، 287، 331، 204. البديري، أحمد، حوادث دمشق، ص: 24، 26، 38، 40، 52، 56، 192، 37، 63، 74، 82، 130، 151، 163، 182.

الخاتمة

أخيرًا، وبحكم موقع دمشق ودورها التاريخي المستمرّ في استقطاب المجاميع البشرية المهاجرة إليها، فقد ظلّت المدينة قادرة على استيعاب التغييرات الاجتماعية، ومع مرور الزمن أسهم التنوُّع الذي شهدته كتلتها السكَّانية في اعتبار التطوُّر الحضري استجابة لعوامل الجذب والاستقرار والهجرة من الريف والحواضر الأخرى، والتي ما زالت بعض العائلات التي وفدت منها تُنسب إليها كعائلة الغزي والعجلوني القدسي والمنيني والحموي والعمادي وغيرها.

وقد ظهرت أهمِّية الازدهار التجاري الذي أصاب دمشق مطلع القرن الثامن عشر، بالإضافة إلى دور الحجِّ في ذلك الازدهار، وما نتج عنه من استقرار لجماعات بشرية متعدِّدة في المحيط العام، كما بيَّنت أنَّ المجتمع الشامي انقسم إلى فئات محلِّية متعدِّدة، داخل مجاميع سكانية متباينة في مستواها الاجتماعي ومنزلتها العامَّة، وقد تداخلت تلك المجاميع مع بعضها في علاقات ومصالح مختلفة، الأمر الذي جعل اليوميَّات المحلِّية تصوِّرها كشبكة كبيرة في المجتمع لها مصالحها المتداخلة.

وظهر أيضًا أنَّ هناك نوعًا من الاختلال الاجتماعي، الناتج عن غياب السلطة والرقابة وتراجع سلطة الشريعة، ما أدَّى إلى انعدام الأمن وشيوع الفساد، الذي نتج عن سفر الوالي مدَّة تقارب الستَّة أشهر أثناء رحلة الحجِّ، ولكنَّ تلك الأحوال لم تكن ترويها المصادر المحلِّية من دون تحميل المسؤولية للسلطة القائمة، الأمر الذي جعل المؤرِّخين لا يخفون انتقادهم للأوضاع الاجتماعية القائمة.

وتبيَّن أنَّ المدينة في محيطها العام شهدت نشاطًا لكافَّة فئاتها الاجتماعية، التي وإن تمايزت عن بعضها بفعل المكانة والدور والنفوذ، إلَّا أنَّها تمتَّعت بحسٍّ تضامني في مواجهة بطش السلطة وفساد ممثِّليها.

الملاحق

ملحق (1)

بعض القضايا الخاصَّة بالقرى الدمشقية من خلال السجلِّ الشرعي

اسم القرية	رقم السجل	رقم الحجة	رقم الصفحة	نوع القضية
المزة	43	7	7	شهادة جماعة من أهل القرية أمام القاضي حول دَين مجموعة منهم لأحد المتنفِّذين.
جرمانا	43	117	73	إيجار وقف قرية جرمانا
منين	43	133	82	دَين جماعي على أهالي قرية منين بتاريخ 15 رجب 1133هـ
كفرسوسا	43	135	83	إجارة ودين على جماعة من قرية كفرسوما
القدم	43	184	113	الدَّين المترتب على وقف مسجد قرية القدم بتاريخ 25 شعبان 1133هـ.
القدم	43	225	135	فراغ جماعي عن أراضي القرية بسبب الدَّين بتاريخ 17 رمضان 1133هـ.
القدم	43	254	147	دَين عام على مجموعة من المزارعين بتاريخ 22 شوال 1133هـ.
دمر	61	160	180	دَين عام على قرية دمر وشكوى للقاضي.
الدالية	61	333	115	دَين على مجموعة من مزارع القرية
دير عطيه	150	17	10	شروط جديدة بفلاحة قرية دير عطيه من أجل سداد الدين.
منين	18	37	31	دَين على قرية منين

مجموعة قرى	18	45	35	رسوم جديدة على مجموعة قرى من نواحي الشام
صحنايا	18	192	114	بيع زراعة القرية بسبب الديون.
عقربا	18	487	302	ديون جديدة واحتجاج أهل القرية على طريقة السداد.
جيرود	56	79	18	دين على أهالي القرية وشكوى حول السداد.
بيت نايم	56	222	55	وقف قرية بنت نايم
عيناتا	56	289	78	دَين على أهالي القرية.
إفتريس	56	472	165	دَين على قرية الافتريس
التل	56	539	196	وكالة على قرية التل
كفرسوسا	148	61	29	وكالة على قرية كفرسوما 8 ربيع الأوَّل 1170هـ.
كفرسوسا	148	61	29	وكالة على ديون القرية
كفرسوسا	148	67	31	شراكة في القرية، 1 محرم 1170هـ.
التل	148	418	182	دَين جماعي وقرض شرعي
مجموعة قرى	98	4	3	ديون وقروض شرعية على مجموعة قرى
العبادة	117	162	104	قرض شرعي على مزارعي القرية
قرية بيتمان	117	165	106	قرض شرعي وديون
مجموعة قرى	117	173	112	قرض شرعي وديون
منين	117	200	128	قرض شرعي وديون
الجديدة	117	271	179	قرض شرعي وديون على المزارعين.
مجموعة قرى	117	230	226	دَين وقروض شرعية على جماعات مختلفة
الطيبة	117	342	236	قرض شرعي وديون عامة
دير ماكر	117	350	240	قرض شرعي وديون عامة
جيبين	117	361	248	قرض شرعي وديون
فرقلس	117	364	450	قرض شرعي وديون على المزارعين
داريا	29	35	15	خصومات على ديون القرية
قرى متعددة	29	150	95	رسوم وفلاحة مجموعة قرى

داريا	29	185	103	خراج قرية داريا
داريا	29	189	105	تعيين نفقة على حصَة من أراضي القرية
داريا	29	220	115	رسوم على قرية داريا
جباتا	29	222	115	رسوم على القرية والمزارعين
مجموعة قرى	29	261	127	رسوم على مجموعة قرى
مجموعة قرى	29	325	152	رسوم على مجموعة قرى
مجموعة قرى	29	355	164	رسوم فلاحة القرى
الجديدة	29	367	170	قرض شرعي
منين	29	386	180	رسوم قرية حمورية
مجموعة قرى	29	397	182	كشف على زراعة مجموعة قرى وديونها
مجموعة قرى	29	408	182	أوامر لبعض المزارعين في القرى

ملحق (2)

جدول أحوال الحجّ خلال الفترة التي يغطِّيها الكتاب

من خلال المصادر المحلِّية والعثمانية الرسمية لمدينة دمشق

الرقم	التاريخ هـ/م	حالة الحج	المصدر
1-	1111هـ/ 1699م	أمير الحجّ قبلان باشا	إبن كنَّان، الحوادث ص7
2-	1112 هـ/ 1700م	ورد للحجّ عدد كثير من الروم وعلماء الصوفية وتجَّار وأمير الحج محمد باشا الرومي والبدو تهاجم الحج في منطقة العُلا بقيادة الدبيس	إبن كنَّان، الحوادث ص29، 31، 36
3-	1113 هـ/ 1701م	والي دمشق يرفض دفع الصرّ للعرب والدبيس يهاجم الحجّ ويسدُّ الطريق وتجارة الحجَّاج عظيمة والدولة تعزل أمير الحجّ	إبن كنَّان، الحوادث ص 43-50
4-	1114 هـ/ 1702م	محمد باشا كرد بيرم أميرًا للحجّ ويسترضي كليب (شيخ البدو) وبديع الصدر	إبن كنَّان، الحوادث ص 61، أبو المكارم، تاريخ راشد، مجلد 2، ص 532
5-	1115 هـ/ 1702م	والي دمشق أميرًا للحجّ وزيدان أخو الدبيس يهاجم الجردة على بعد ساعة من معان ويختبيء في مغارة	إبن كنَّان، الحوادث ص 65، أبو المكارم تاريخ راشد، جلد 2 ص 93
6-	1116 هـ/ 1703م	العرب تحبس الحجّ ثلاثين يومًا وتتقدَّم الجردة	إبن كنَّان، الحوادث ص 88

-7	1117 هـ/ 1704م	قتال كليب مع أمير العرب وقتل باشا الحجِّ ووالي دمشق يخرج لقتال العرب والدولة تعيِّنه أميرًا للحجِّ	أبو المكارم، تاريخ راشد ج3، ص 140
-8	1118 هـ/ 1705م	العرب تهاجم الجردة ووالي دمشق يغيِّر طريق الحجِّ والدولة العثمانية ترسل "فرمان" لقتله وتأخذ الحجَّ وهلاكه	إبن كنَّان، الحوادث ص 104، ص111، 112
-9	1119 هـ/ 1706م	الحجُّ يعترضه سيل عظيم وخروج الباشا على كليب، وكان مع الجردة عرب بنو عطية وهم مع هوى ظاهر السلامة	إبن كنَّان، الحوادث ص 127
-10	1120 هـ/ 1707م	تأخَّر الحجُّ في العلا، وطلع عليهم الدبيس وكليب ينقذ الحجَّاج والدبيس ينكسر وتنهب أمواله	إبن كنَّان، الحوادث ص 135، 137
-11	1121 هـ/ 1708م	قتلُ شيخ عرب حوران كليب لاعتدائه على الحجَّاج والانتصار على عرب النوايلة في الصلت، والدولة تعيِّن نصُوح باشا أميرًا دائمًا للحجِّ	إبن كنَّان، الحوادث ص 153، أبو المكارم، تاريخ راشد ج3، ص 248، 281
-12	1123 هـ/ 1711م	العرب تعترض الحج	إبن كنَّان، الحوادث ص 188
-13	1124 هـ/ 1712م	أمير الحجِّ يغيِّر طريقه إلى ينبع خوفًا من العرب	إبن كنَّان، الحوادث ص 188
-14	1125 هـ/ 1713م	الحجُّ يعترضهم سيل عند رابغ ونصُوح باشا يقتل كليب في حدث تتضارب رواياته في المصادر	أبو المكارم، تاريخ راشد جلد 4، ص 12، إبن كنَّان، الحوادث ص 198، 209
-15	1128 هـ/ 1715م	الحجُّ بخير والباشا ينادي على من يحتاج للمسير ليعطيه	إبن كنَّان، الحوادث ص 247

-16	1129 هـ/ 1716م	الحجُّ بخير حتَّى الزرقاء، وباشا الجردة يخرج على العرب المحالفين لظاهر سلامة ويقاتلهم	إبن كنَّان، الحوادث ص 264، 277
-17	1131 هـ/ 1718م	ظاهر بن سلامة يقتل ظاهر بن كليب ويأخذ ابنه، والأعراب يردمون آبار الماء على الحجِّ لعدم دفع الصرِّ لهم	إبن كنَّان، الحوادث ص 306
-18	1133 هـ/ 1721م	العرب تعترض القافلة، وأمير الحجِّ يستنجد بأمير الجردة	إبن كنَّان، الحوادث ص 329
-19	1134 هـ/ 1721م	العرب تهاجم الحجَّ بمنزلة العلا 18 يومًا، والباشا يدفع لهم مائتي كيس لإطلاق الحجِّ	إبن كنَّان، الحوادث ص 332
-20	1135 هـ/ 1722م	ورود خبر من القطرانة أنَّ الحجَّ بخير	إبن كنَّان، الحوادث ص 336
-21	1136 هـ/ 1723م	وردت مكاتب العلا بأنَّ الحجَّ بخير	إبن كنَّان، الحوادث ص 361
-22	1138 هـ/ 1725	الباشا يدفع لبني مضيان بين الحرمين 7 أكياس ليتركوا الحجَّ الذي تعرَّض للعطش	إبن كنَّان، الحوادث ص 369
-23	1140 هـ/ 1727م	حجَّ من الشام ناس كثيرون	إبن كنَّان، الحوادث ص 387
-24	1141 هـ/ 1728م	حجَّ ناس كثيرون والرخاء كان كثيرًا	إبن كنَّان، الحوادث ص 389
-25	1144 هـ/ 1731م	ورد وفد الشام أنَّ الحجَّ بخير	إبن كنَّان، الحوادث ص 419
-26	1146 هـ/ 1733م	الحجُّ كان بخير إلَّا من جهة العطش بين هدية وتبوك	إبن كنَّان، الحوادث ص 436
-27	1147 هـ/ 1734م	ورد خبر بأنَّ الحجَّ كان بخير ثمَّ صار بالحجِّ شوشرة من العرب	إبن كنَّان، الحوادث ص 445-463

-28	1148 هـ/ 1735م	كان الحجُّ كثير لا يحصى، والباشا يخرج للعرب	إبن كنَّان، الحوادث ص 470-473
-29	1149 هـ/ 1736م	كان الحجُّ بخير بالذهاب والإياب	إبن كنَّان، الحوادث ص 479
-30	1150 هـ/ 1737م	جاء الخبر بأنَّ الحجَّ بخير	إبن كنَّان، الحوادث ص 496
-31	1151 هـ/ 1738م	وردت مكاتيب العلا أنَّ الحجَّ في غاية الرخاء	إبن كنَّان، الحوادث ص 505
-32	1153 هـ/ 1740م	وردت المكاتيب أنَّ الحجَّ بخير	إبن كنَّان، الحوادث ص 517
-33	1154 هـ/ 1741م	قتال بين أمير الحجَّ وابن مضيان شيخ عرب بين الحرمين وهم عرب حرب	البديري، حوادث ص 7
-34	1155 هـ/ 1742م	ورد خبر أنَّ الحجَّ بخير والباشا يغيِّر طريقه	البديري، حوادث ص 16
-35		وكان بنو صخر قد شلحوا الحجَّ	البديري، حوادث ص 32
-36	1156 هـ/ 1743م	الحجُّ يغرق في الحسا ويذهب نصفه	البديري، حوادث ص 36
-37	1160 هـ/ 1748م	الحجَّاج بخير ويدعون لأسعد باشا	البديري، حوادث ص 87
-38	1161 هـ/ 1149م	الحجُّ بخير غير أنَّ السيل اعترضه في بدر	البديري، حوادث ص 107
-39	1163 هـ/ 1751م	ذكر الحجَّاج أنَّها من السنين وأرفعها	البديري، حوادث ص 136
-40	1164 هـ/ 1752م	ورد الخبر أنَّ الحجَّ بخير ومن أرخص السنين	البديري، حوادث ص 164
-41	1166 هـ/ 1753م	جاء الكتاب أنَّ الحجَّ سلك الطريق الفرعي وخرجت عليه العرب وقضوا مشقَّة	البديري، حوادث ص 173
-42	1167 هـ/ 1755م	دخل ركب الحجَّ وأخبر أنَّ الحجَّاج بخير	البديري، حوادث ص 179

-43	1169 هـ/ 1755-1756م	أمير الحجّ غيّر الطريق وحصل للحجّ مشقَّة جرَّاء ذلك	البديري، حوادث ص 188
-44	1171 هـ/ 1756-1757م	كان موكب الحجّ بخير بإمارة أسعد باشا العظم والي الشام	البديري، حوادث ص 192
-45	1171 هـ/ 1757-1758م	أكبر اعتداء على الحجَّاج يقوده قعدان الفايز شيخ عرب بني صخر، وفي القافلة أخت السلطان العثماني، ثمَّ يعزل أسعد باشا العظم بعد أن قضى أطول مدَّة كوالٍ عثماني لدمشق	البديري، حوادث ص 210، الصيداوي، الكشف 1 ق 2 ب

المصـادر والمراجع

1- الوثائق والسجلات والدفاتر

أ - الوثائق: مجموعة الوثائق العربية/ القسم العثماني، مديرية الوثائق السورية وهي:

- وثيقة 63/ ب، 6 ربيع الثاني 1163هـ/ 1749م
- وثيقة رقم 66/ ب، 16 رجب 1163هـ/ 1749م
- وثيقة 74/ ب، 16 صفر 1172هـ/ 1758م
- وثيقة رقم 172، أمر سلطاني بوقف الانفاق على أوقاف اسعد باشا العظم
- وثيقة رقم 173، أمر سلطاني.

ب - السجلات: في محاكم دمشق الشرعية وهي محفوظة في مديرية الوثائق التاريخية في دمشق:

- سجل 26، حجة 505، ص 323، 1 ربيع الأوَّل 1112هـ/ 1700م.
- سجل (29)، حجة (287)، ص 139، 24 ذي القعدة 1119هـ/ 1707م.
- سجل 32، حجة 352، 14 جمادى الأولى 1120هـ/ 1708م.
- سجل 37، (مخلفات) حجه 192، ص 73، 14 رجب 1132هـ/ 1719م.
- سجل 41، حجة 223، ص 144، 25 صفر 1133هـ/ 1720م.
- سجل 48، حجة 77، ص 116، 9 جمادى الثانية 1170هـ/ 1756م.
- سجل 54، (مخلفات) حجه 2، ص 2، 18 محرم 1138هـ/ 1725م.
- سجل 57، حجة 114، ص 52، 16 شوال، 1142هـ/ 1729م.
- سجل 56، حجة 52، ص 23، 16 شعبان 1138هـ/ 1725م.
- سجل 58، حجة 113، ص 76، 14 ربيع الأوَّل 1138هـ/ 1725م.
- سجل 61، حجة 120، ص 55، 9 صفر 1142هـ/ 1729م.
- سجل 64، حجة 92، ص 57، 6 شوال 1139هـ/ 1726م.
- سجل 65، حجة 25، ص12، 23 صفر 1116هـ/ 1704م.
- سجل 68، (مخلفات) حجة 54، ص 62، 7 صفر 1124هـ/ 1731م.
- سجل 72، حجة 31، ص 13، 2 ربيع الثاني، 1147هـ/ 1734م.
- سجل 82، حجة 72، ص 41، 16 ذي القعدة، 1135هـ/ 1752م.
- سجل 82، حجة 325، ص 172، 9 رمضان، 1149هـ/ 1736م.

- سجل 92، حجة 125، ص 70، 24 شوال 1135هـ/ 1752م.
- سجل 94، حجة 58، ص 72، 14 محرم 1150هـ/ 1737م.
- سجل (98)، حجة (178)، ص 117، غير مؤرخة.
- سجل 112، حجة 74، ص 32، 15 شوال 1158هـ/ 1740م.
- سجل 112، حجة 313، ص 125، 14 صفر 1158هـ/ 1745م.
- سجل 113، حجة 182، ص 67، 7 شوال 1139هـ/ 1726م.
- سجل 117، حجة 26، ص 15، 6 جمادى الأولى، 1159هـ/ 1746م.
- سجل 131، حجة 294، ص 239، 7 ربيع الأوَّل 1136هـ/ 1722م.
- سجل 131، حجة 221، ص 90، 3 ربيع الأوَّل 1124هـ/ 1712م.
- سجل 133، حجة، 48، ص23، 3 ربيع الأوَّل 1165 هـ/ 1751م.
- سجل 134 حجة 72، ص 37 14 شوال 1164هـ/ 1750م.
- سجل 148، حجة 214، ص 130، 6 شوال 1133هـ/ 1720م.
- سجل 152 حجة 64، ص 37، 16 صفر 1171هـ/ 1756م.
- سجل 154، حجة 425، ص 242، 15 شعبان 1173هـ/ 1759م.
- سجل 156، حجة 134، ص43، 11 جمادى الأولى1132هـ/ 1729م.

ج. الدفاتر: دفاتر الأوامر الصادرة من السلاطين والولاة والقضاة المحفوظة في مديرية الوثائق التاريخية بدمشق:

رقم الدفتر	السنوات التي يغطيها الدفتر	عدد الوثائق	عدد الصفحات	اسم المترجم
1	1194-1208هـ/ 1780-1793م	180	37	صبري فريد بديوي زاده
5/ أ	1261-1261هـ/ 1844-1845م	359	292	صبري فريد بديوي زاده
11	1278-1279هـ/ 1861-1862م	286	193	عبد الرحمن بن حمزة الحمزاوي

2. المخطوطات:

* الأيوبي، محمد

- **مجموع تراجم علماء دمشق**، ضمن مجموع أوراق عائلة الأيوبي وهي محفوظة في مكتبة الأسد، مخطوط رقم 6814، (الظاهرية) تحت عنوان: «أشعار محمد سعيد الأيوبي».

* الحسيبي، محمد أبو السعود (بعد 1233هـ/ 1866م)

- **حادثة الستين وتراجم المعاصرين**، مخطوط رقم 4668، الظاهرية، مكتبة الأسد، دمشق، 25 ورقة.

* الصيداوي، محمد بن حسين النجار الدمشقي (ت:1174هـ/ 1758م)

- **الكشف والبيان عن أوصاف خصال شراء آهل الزمان**، مخطوط رقم 5162، الظاهرية، مكتبة الأسد، دمشق، ق-ق: 2-44، يروي المؤلف أحداثًا وقعت عام 1173هـ/ 58-1759م.

* العجلوني، إسماعيل بن محمد (ت 1172هـ/ 1759م)

- **تحريك سلسلة فيما يتعلَّق بالزلزلة**، مخطوط رقم 190، شريط مايكروفيلم، مركز الوثائق والمخطوطات، الجامعة الأردنية، عمان.

* العمادي، محب الدين محمد العمادي (ت 1155هـ/ 1742م)

- **مجموع فتاوى**، مخطوط رقم 58640، مكتبة الأسد، دمشق.

* مجهول

- **رسالة فيمن تولى وأفتى وقضى**، مخطوط رقم 17963، الظاهرية، مكتبة الأسد، دمشق، 7 ورقات، د.ت.
- **مجموع إجازات لكثير من علماء دمشق في القرن 12هـ/ 18م**، مخطوط رقم 2449، الظاهرية، مكتبة الأسد، دمشق، تواريخ متفرقة.

* النابُلسي، عبد الغني بن إسماعيل (ت:1143هـ/ 1730م)

- **تخيير العباد في سكنى البلاد**، مخطوط رقم 9030، مجموعة الظاهرية، مكتبة الأسد، دمشق.
- **مجموع فتاوى**، مكتبة الأسد، مخطوط رقم 1162، دمشق
- **احترام الخبر وشكر النعمة**، مجموعة الظاهرية، مكتبة الأسد، رقم 32، 131، 2، دمشق.

3. المصادر المطبوعة:

* ابن أجا، محمد بن محمد الحلبي (ت: 925هـ/ 1519م).

- العراك بين المماليك والعثمانيين الأتراك، تحقيق محمد أحمد دهمان، دمشق، 1968.

* ابن بدران، عبد القادر بن أحمد

- **منادمة الأطلال ومسامرة الخيال**، المكتب الإسلامي – بيروت، 1985.

* البديري، أحمد بن بدير الحلاق (ت: بعد 1175هـ/ 1762م)

- **حوادث دمشق اليومية** (1154-1175هـ/ 1741-1762م)، ط1، تحقيق أحمد عزت عبد الكريم، الجمعية المصرية للدراسات التاريخية، القاهرة، 1959.

* بريك، مخائيل الدمشقي (كان حيا1171هـ/ 1758م)

- **تاريخ الشام**، مطبعة القديس بولس، حريصا، لبنان 1930.

* البكري الصديقي، مصطفى بن كمال الدين (ت:1162هـ/ 1748م)

- **الخمرة الحسية في الرحلة القدسية**، مجلة معهد المخطوطات العربية، المنظمة العربية للتربية والثقافة والعلوم- معهد المخطوطات العربية- القاهرة، مجلَّد 48 عدد1 ، 2004.

* البلاذري، أحمد بن يحيى بن جابر بن داود (ت:279هـ/ 892م)

- **فتوح البلدان**، دار ومكتبة الهلال، بيروت، 1988 م.

* البيطار، عبد الرازق

- **حلية البشر في تاريخ القرن الثالث عشر**، دار صادر - بيروت - مطبوعات مجمع اللغة العربية بدمشق، 1993.

* التفتازاني، أبو الوفاء الغنيمي

- **مدخل إلى التصوُّف الإسلامي**، دار الثقافة للنشر والتوزيع، 1979.

* الجبرتي، عبد الرحمن بن حسن (ت:1236هـ/ 1821م)

- **تاريخ عجائب الآثار في التراجم والأخبار**، تحقيق عبدالرحيم عبدالرحمن، دار الكتب المصرية، 1998.

* ابن الحمصي، احمد بن محمد الأنصاري(ت:934هـ/ 1527م)

- حوادث الزمان ووفيات الشيوخ والأقران، تحقيق، عبد العزيز حرفوش، دار النفائس، بيروت، ط1، 2000.

* الحصني، محمد أديب تقي الدين
- **كتاب منتخبات التواريخ لدمشق**، دار الآفاق الجديدة، 1979.

* الحموي، شهاب الدين ياقوت(ت: 626هـ/ 1229م)
- **معجم البلدان**، دار صادر، بيروت، 1995.

* الدبس، يوسف
- **تاريخ سوريا الديني والدنيوي**، دار نظير عبود، بيروت 1994.

* دحلان، أحمد بن زيني(1340هـ/ 1886م)
- **خلاصة الكلام في بيان أمراء البلد الحرام**، الدار المتحدة للنشر والتوزيع، مصر، 1981.

* الدمرداشي، احمد بن أحمد العمادي، المالكي، الازهري شهاب الدين(ت:1115هـ/ 1742م)
- **كتاب الدرة المصانة**، تحقيق عبدالرحيم عبدالرحمن، المعهد الفرنسي للآثار الشرقية، القاهرة، 1989م.

* السيوفي، حبيب
- **سوريا ولبنان وفلسطين في القرن الثامن عشر**، بيروت:المطبعة المخلصية، 1949.
- **الإنكشارية في الدولة العثمانية**، صيدا - المطبعة المخلصية، 1940.

* الشهابي، الأمير حيدر بن أحمد (ت:1251هـ/ 1835م)
- **الغرر الحسان في تواريخ حوادث الازمان**، دار نظير عبود ، 1993.

* الصباغ؛ عبود
- **الروض الزاهر في تاريخ ظاهر**، تحقيق محمد محافظة وعصام هزايمه، دار الكندي، للنشر، اربد، 1999.

* ابن الصديق، حسن الدمشقي (كان حياً 1186هـ/ 1772م)
- **غرائب البدائع وعجائب الوقائع**، تحقيق يوسف نعيسه، دار المعرفة، دمشق، ط1، 1989م.

* الطباخ، محمد راغب
- **أعلام النبلاء في تاريخ حلب الشهباء**، حلب، 1988.

* ابن عبد الهادي، يوسف (ت: 813هـ/ 1478م)
- **نزهة الرفاق عن شرح حال الأسواق**، مجلة المشرق، العدد 37، السنة 1929.

* عبد الرحيم، عبد الرحمن عبدالرحيم
- **تاريخ العرب الحديث والمعاصر**، دار المتنبي، الدوحة، قطر، 1996.

* العبد، حسن آغا
- **تاريخ حسن آغا العبد حوادث بلاد الشام و الأمبراطورية العثمانية 1186 - 1241 هـ/ 1771 - 1826** ، دار دمشق، دمشق، 1986.

* ابن عساكر، علي بن محمد بن هبة الله (ت:571هـ/ 1175م)
- **تاريخ مدينة دمشق**، ط1، (فضائل دمشق الشام)، تحقيق صلاح الدين المنجد، المجمع العلمي العربي، دمشق 1964.

* الغزي، نجم الدين محمد بن محمد (ت:1070هـ/ 1651م)
- **لطف السمر وقطف الثمَّر**، تحقيق محمود الشيخ، 2ج، وزارة الثقافة والإرشاد القومي، دمشق 1981.

* الغزي، شمس الدين محمد بن محمد بن عبد الرحمن (ت:1167هـ/ 1752م)
- **لطائف المنة في فوائد خدمة السنة**، المطبوع بتحقيق الشيخ الفاضل أبي يحيى عبدالله الكندري، ط1، 1426 دار غراس بالكويت.

* ابن فضل الله العمري، شهاب الدين أحمد بن يحيى (ت:749هـ/ 1348م)
- **مسالك الأبصار في ممالك الأمصار**، الباب السادس، تحقيق دوريتا كراتوليسكي، ط1، بيروت 1986.

* القاري، رسلان بن يحيى (ت:1132هـ/ 1719م)
- **الوزراء الذين حكموا دمشق**، نشره صلاح الدين المنجد في: ولاة دمشق في العهد العثماني، دمشق 1949.

* القاسمي، محمد سعيد. ومحمد جمال الدين وخليل العظم
- **قاموس الصناعات الشامية**، تحقيق، ظافر القاسمي، قاموس الصناعات الشامية، ط1، دار طلاس، دمشق، 1988.

* قساطلي، نعمان بن عبده (ت:1338هـ/ 1920م)
- **الروضة الغناء في دمشق الفيحاء**، بيروت، ط1، 1879، والنسخة المعتمدة المحفوظة في مكتبة الجامعة الأردنية، عمان.

* ابن كنَّان ، محمد بن عيسى بن محمد الصالحي (ت:1153هـ/ 1740م)

- **الحوادث اليومية من تاريخ أحد عشر وألف ومية**، ط1، تحقيق اكرم العلبي، دار الطباع، دمشق 1994.

- **المواكب الإسلامية في الممالك والمحاسن الشامية**، تحقيق حكمت إسماعيل أ.ح، وزارة الثقافة والإرشاد القومي، دمشق 1992.

* مجهول

- **حسر اللثام عن نكبات الشام**، اعتناء شاهين مكاريوس، القاهرة، 1895م.

* المحبي، محمد أمين فضل الله (ت:1111هـ/ 1699م)

- **خلاصة الأثر في أعيان القرن الحادي عشر**، 4ج، القاهرة 1869، نسخة مصورة دار صادق بيروت د.ت.

* المرادي، محمد خليل بن علي (ت:1206هـ/ 1791م)

- **سلك الدرر في أعيان القرن الثاني عشر**، ط3، دار ابن حزم، دار البشائر، 4ج، بيروت، 1988.

* المقار، محمد بن جمعة (ت:بعد 1156هـ/ 1143م)

- **الباشات والقضاة**، نشرة صلاح الدين المنجد، في: ولاة دمشق في العهد العثماني، دمشق، 1949 .

* ابن منظور، جمال الدين محمد بن مكرم بن علي (ت:711هـ/ 1311م)

- **لسان العرب المحيط**، 15ج، د.ط، دار صادر، بيروت، 1993.

* نوفل، نوفل نعمة الله (ت:1305هـ/ 1887م)

- **كشف اللثام عن محيا الحكومة والأحكام في إقليمي مصر وبر الشام**، ط1، تحقيق ميشال أبي فضل، جروس برس، طرابلس، 1990.

4- المصادر العثمانية:

* ملطي، محمد بن مصطفى

- **تاريخ راشد ذيل تاريخ نعيما، والمشهور بوقعة يونس، 1735م، سه مجلد.** متوفر في مكتبة الجامعة الأردنية، قاعة المراجع، ترميز عمودي (JUA0562206).

* بروسلي، محمد طاهر (محرر)

- عثمانلى مؤلفلري، معارف عمومية نظارت جليله سي طلافندن، طبعت همت بيورلمشدر، 1333هـ.

* سلحدار فندفليلي محمد آغا

- سلحدار تاريخي، برنجي جلد 1065-1094، استانبول، دولت مطبعي 1928.

5- المراجع والدراسات الحديثة:

* إبراهيم، صلاح

- **التجديد والإصلاح في الإسلام خلال القرن الثامن عشر**، مجلة الاجتهاد، دار الاجتهاد، بيروت، ع4، صيف 1989.

* أحمد، إبراهيم خليل

- **تاريخ الوطن العربي في العهد العثماني 1516-1916**، جامعة الموصل، 1983.

* الأرناؤوط، محمد

- **معطيات عن تاريخ دمشق وبلاد الشام الجنوبية**، دار أبجدية، ط1، دمشق، 1995.

* أوزتونا، يلماز

- **تاريخ الدولة العثمانية**، تحقيق محمود الأنصاري، مؤسسة فيصل للتمويل - تركيا، 1988.

* ابن إسماعيل، عمر

- **إنهيار حكم الأسرة القرمانلية في ليبيا ١٧٩٥-١٨٣٥**، مكتبة الفرجاني، 1966.

* آصاف، عزتلو يوسف

- **تاريخ سلاطين بني عثمان**، مكتبة مدبولي-القاهرة، 1995م.

* أصلان ، مأمون

- **قافلة الحج الشامي عبر الأردن**، رسالة ماجستير غير منشورة، الجامعة اللبنانية، (نسخة مصورة، الجامعة الأردنية) مركز إيداع الرسائل، بيروت، 1997.

* اندرسون، بيري
- **دولة الشرق الاستبدادية**، بيروت، مؤسَّسة الأبحاث العربية، 1983.

* باموك، شوكت
- **التاريخ المالي للدولة العثمانية**، ترجمة عبداللطيف الحارس، دار المدار الإسلامي، بيروت، 2005.

* برجاوي، سعيد
- **الإمبراطورية العثمانية**، الأهلية للنشر، 1993.

* بني حمد، فيصل
- **الأسواق الشامية في العصر المملوكي**، رسالة ماجستير، جامعة اليرموك، 1992.

* بروكلمان، كارل
- **تاريخ الشعوب الإسلامية**، ترجمة أمين فارس ومنير البعلبكي، دار العلم للملايين، 2005.

* بلانديه، جورج
- **الأنثروبولوجيا السياسية**، بيروت، دار المنهل، 1972م.

* جب، هاملتون. بوون، هارولد
- **المجتمع الإسلامي والغرب**، ط1، ترجمة أحمد عبد الرحيم مصطفى، 2ج، الهيئة المصرية العامة للكتاب، القاهرة، 1990.

* الجميل، سيار
- **العثمانيون وتكوين العرب الحديث**، ط1، مؤسسة الأبحاث العربية، بيروت، 1989.
- **حصار الموصل : الصراع الاقليمي واندحار نادرشاه** ، الموصل 1990 .
- **بقايا وجذور التكوين العربي الحديث**، الأهلية للنشر، عمان، 1997م، ط1.

* الجندي، عماد
- **تاريخ معرة النعمان**، تحقيق عمر رضا كحالة، وزارة الثقافة السورية، 1994.

* الحمود، نوفان رجا
- **العسكر في بلاد الشام**، دار الآفاق الجديدة . بيروت 1981.

- **عمان وجوارها خلال الفترة**، 1281 هـ / 1864 م1340- هـ / 1921 م ، منشورات جامعة آل البيت بالتعاون مع بنك الأعمال، 1995م.

* حميدة، علي عبداللطيف
- **المجتمع والدولة والاستعمار في ليبيا: دراسة في الأصول الاجتماعية والاقتصادية والثقافية لحركات وسياسات التواطؤ ومقاومة الاستعمار 1830-1932**، مركز دراسات الوحدة العربية، بيروت، 1998.

* حنا، عبد الله
- **تحركات العامة في دمشق وحلب في القرن الثامن عشر والتاسع عشر**، في: المؤتمر الدولي الثاني لتاريخ بلاد الشام، جامعة دمشق، 1978.

* خوري، فليب
- **طبيعة الحياة السياسية في دمشق**، المؤتمر الدولي الثاني لتاريخ بلاد الشام، دمشق، 1978م.

* دوباري، الكونت
- **دمشق ولبنان** : **ربيع 1860** ، ترجمة يوسف ضومط ؛ قدم له غالب قنديل، بيروت، 1991.

* رافق، عبد الكريم
- **مظاهر من الحياة العسكرية العثمانية في بلاد الشام في القرن السادس عشر حتّى مطلع القرن التاسع عشر**، مجلة دراسات تاريخية، ع1، 1980، ص: 66-95.
- **مظاهر سكانية من دمشق في العهد العثماني**، مجلة دراسات تاريخية، ع15-16، كانون الثاني- أيار، 1984، ص: 5-29.
- **قافلة الحج الشامي وأهميتها في العهد العثماني**، مجلة دراسات تاريخية، العدد 6، تشرين الأوَّل 1988، ص-ص: 5-29.
- **بلاد الشام ومصر من 1516-1798م**، ط2، دمشق، 1968.
- **بحوث في التاريخ الاقتصادي والاجتماعي لبلاد الشام في العصر الحديث**، جامعة دمشق، 1985.
- **العرب والعثمانيون 1516-1916**، مكتبة أطلس، دمشق، 1974.
- **الهوية والانتماء في بلاد الشام في العهد العثماني**، مجلة دراسات تاريخية، العددان 81-82، آذار - حزيران، 2003.

* مانتران، روبير

- **تاريخ الدولة العثمانية**، ترجمة: بشير السباعي، ج 1، القاهرة، 1993.

* ريمون، اندريه

- **المدن العربية الكبرى في العصر العثماني**، ترجمة لطيف فرج، دار الفكر، القاهرة 1991.

- **القاهرة تاريخ حاضرة**، دار الفكر للدراسات والنشر والتوزيع, 1998.

* الريحاوي، عبدالقادر

- **خانات مدينة دمشق**، مجلة الحوليات السورية، المجلد 25، دمشق، 1972.

* رؤوف، عماد عبد السلام

- **الموصل في العهد العثماني**، مطبعة الآداب، النجف، 1985.

* زاك، دورتيه

- **دمشق تطور وبنيان مدينة مشرقية إسلامية**، ترجمة قاسم طوير، المعهد الفرنسي للشرق الأدنى، دمشق، الطبعة الأولى، 2005.

* زكريا، أحمد وصفي

- **عشائر الشام**، دار الفكر المعاصر، بيروت، 1997.

* زهدي، بشير

- **دمشق وأهميتها العمرانية والمعمارية عبر العصور**، من مطبوعات جمعية أصدقاء دمشق، 1982.

* الزواهرة، تيسير

- **تاريخ الحياة الاجتماعية في دمشق من 1255-1282هـ/ 1840-1864م**، جامعة مؤتة، الكرك، 1995م.

* زيادة، خالد

- **اكتشاف التقدم الأوروبي**، دار الطليعة – بيروت، 1981.

* سعد، اسماعيل علي

- **أصول علم الاجتماع السياسي**، دار النهضة العربية، بيروت، 1988.

* سميلنسكايا، ايرينا
- **البنى الاقتصادية والاجتماعية في المشرق العربي على مشارف العصر الحديث**، ترجمة يوسف عطا الله، دار الفارابي، بيروت، 1989

* سوفاجيه، جان
- **دمشق الشام لمحة تاريخية**، ترجمة فؤاد البستاني، بيروت، 1936، 1965.

* الشرعة، إبراهيم
- **موقف القبائل البدوية من قافلة الحج في القرنيين السابع عشر والثامن عشر الميلاديين**، مجلة دراسات، العلوم الاجتماعية والإنسانية، الجامعة الأردنية، المجلد 29، العدد، 2002.

* شليشر، ليندا
- **بعض مظاهر أحوال الأعيان بدمشق أواخر القرن الثامن عشر وأوائل التاسع عشر**، المؤتمر الدولي الثاني لتاريخ بلاد الشام، دمشق، 1978م.

* الشناوي، عبد العزيز
- **الدولة العثمانية دولة إسلامية مفترى عليها**، جامعة القاهرة، 1980.

* الشهابي، قتيبة
- **أسواق دمشق القديمة ومشيداتها التاريخية**، وزارة الثقافة والإرشاد القومي، دمشق، 1990.
- الشهابي، قتيبة وإيبشن أحمد ، **معالم دمشق التاريخية**، وزارة الثقافة، دمشق، 1996م.

* شوكت، محمود
- **التشكيلات والأزياء العسكرية العثمانية منذ بداية تشكيل الجيش العثماني حتَّى سنة 1852م**، دار طلاس للدراسات والنشر، دمشق، 1988.

* الصباغ، ليلى
- **المجتمع العربي السوري في مطلع العهد العثماني**، منشورات وزارة الثقافة والإرشاد القومي، دمشق، 1973.

* طربين، أحمد
- **تاريخ المشرق العربي**، جامعة دمشق، 1997.

* طلاس، مصطفى
- **المعجم الجغرافي للقطر العربي السوري**، مركز الدراسات العسكرية، دمشق، 1993.

* الطويل، توفيق
- **التصوف في مصر أبان العصر العثماني**، الهيئة المصرية العامة للكتاب، القاهرة، 1988.

* فينشتاين؛ چيل
- **الإمبراطورية في عظمتها**، ج2، ص.ص 237-240 في: روبير مانتران، تاريخ الدولة العثمانية، ترجمة بشير السباعي، دار الفكر للدراسات والنشر، القاهرة، ط1، 1993.

* عانوتي، أسامة
- **الحركة الأدبية في بلاد الشام في القرن الثامن عشر**، منشورات الجامعة اللبنانية، بيروت، 1970.

* العظم، عبد القادر
- **الأسرة العظمية**، مطبعة الإنشاء ، دمشق ، 1960.

* عكاش، سامر
- **يوميَّات شامية قراءة في التاريخ الثقافي لدمشق العمثانية في القرن التاسع عشر**، بيسان للنشر، ط1، دمشق، 2014.

* العلبي، أكرم حسن
- **خطط دمشق**، ط1، دار الطباع، دمشق، 1995.

* عماد، عبد الغني
- **السلطة في بلاد الشام في القرن الثامن عشر**، ط1، دار النفائس، بيروت 1993.

* عمر، بديع
- **دولة الشرق الاستبدادية**، بيروت، مؤسسة الأبحاث، 1983.

* عوض، عبد العزيز
- **الادارة العثمانية في ولاية سورية 1864 – 1914**، دار المعارف - مصر، 1969.

* غرايبة، عبد الكريم
- **تاريخ العرب الحديث**، جامعة دمشق، دمشق، 1960.

* قساطلي، نعمان أفندي

- **الروضة الغناء في دمشق الفيحاء- مختارات**، تحقيق خيري الذهبي، الهيئة العامة السورية للكتاب ودار البعث، الكتاب الشهري الأوَّل.

* كرامرز،

مادة ، **ترك**، دائرة المعارف الإسلامية، ج5، ص159.

* كرد علي، محمد

- **خطط الشام**، ج2، مكتبة النوري، دمشق، 1983.

* كواترت، دونالد

- **الدولة العمثانية 1700-1922**، ترجمة، أيمن أرمنازي، مكتبة العبيكان، ط 1، الرياض، 2004م.

* كوثراني، وجيه

- **السلطة والمجتمع والعمل السياسي**، مركز دراسات الوحدة، بيروت، ط1، 1983م.

* كولز، بول

- **العثمانيون في أوروبا**، الهيئة المصرية العامَّة للكتاب، 1993.

* لايبدوس ، ايرا مارفين

- **مدن الشام في العصر المملوكي**، دار حسان للطباعة، دمشق، 1985م.

* لوران، درافيو

- **وصف دمشق في القرن السابع عشر**، ترجمة أحمد ايبش، دمشق، دمشق دار المأمون للتراث، ط1، 1982.

* لوكاش، جورج

- **التاريخ والوعي الطبقي**، دار علاء الدين، دمشق، 1982م.

* مارينوا، بريجيت

- **حي الميدان في العصر العثماني**، دار المدى للطباعة والنشر، 2000.

* مبيضين، مهند

- **أهل القلم ودورهم في الحياة الثقافية في دمشق خلال الفترة 1126-1172هـ/ 1708-1757م**، المعهد الفرنسي للشرق الادنى، دمشق، 2005

- **شكوى أهالي محلة الظاهر بيبرس في دمشق من فساد الأخلاق 1164هـ/ 1751م**، المجلة الأردنية للتاريخ والآثار، المجلد السادس، العدد 1، ربيع الثاني 1433هـ/ آذار 2012م.
- **ملامح من الحياة الاقتصادية والاجتماعية في الريف الدمشقي إبان القرن الثامن عشر من خلال المجاميع الفقهية**، مجلة كلية الآداب، جامعة دمشق، مجلة علمية محكمة، جامعة آل البيت، المجلد 14، العدد، 2008م.

* المحامي، توفيق معمر
- **ظاهر العمر**، الناصرة، 1990.

* المحامي، محمد فريد
- **تاريخ الدولة العلية**، دار النفائس، 1981م.

* محروقة، أحمد
- **أسعد باشا العظم حياته وعصره**، رسالة جامعية، جامعة دمشق، 1955.

* محمد، علي
- **أحوال علم الاجتماع السياسي**، القاهرة، دار النهضة العربية.

* مصطفى، أحمد عبد الرحيم
- **في أصول التاريخ العثماني**، دار الشروق، 1986.

* الملحم, اسماعيل
- **سويداء سورية: موسوعة شاملة عن جبل العرب**، منشورات ماجد علاء الدين, السويداء، 1995.

* ميرامية، فرانك
- **السوق والتمدُّن في العالم العربي**، ترجمة جميل قاسم، مجلة إضافات الجمعية العربية لعلم الاجتماع، مركز دراسات الوحدة العربية، بيروت، العدد الخامس، شتاء 2009م.

* النجار، جميل
- **الإدارة العثمانية في ولاية بغداد**، دار الشؤون الثقافية العامة، بغداد، 1989.

* النجار، محمد
- **حكايات الشطار و العيارين**، الكويت: المجلس الوطني للثقافة و الفنون و الآداب، 1981.

* نعيسة، يوسف

- **مجتمع مدينة دمشق**، دار طلاس، دمشق، ط1، 1986م.

* النعيمي، عبدالقادر بن محمد

- **الدراس في تاريخ المدارس**، تحقيق جعفر الحسيني، المجمع العلمي العربي، مطبعة الترقي، 1928م.

* النمر، إحسان

- **تاريخ جبل نابلس والبلقاء**، دمشق، 1938م.

* نورس، علاء

- **حكم المماليك في العراق (1750-1831)**، بغداد: دار الحرية للطباعة، 1975م.

* هرشلاغ، زيفي يهودا

- **مدخل إلى التاريخ الاقتصادي الحديث للشرق الأوسط**، ترجمة، مصطفى حسين، دار الحقيقة، بيروت، 1973م.

6- المصادر والمراجع الأجنبية:

* Abdel Nour, Antoine.
  - **Introduction L'Histoire Urbaine de La Syrie Ottomane** XVLe -XVIII e Siecles. Beyrouth. 1982.

* Bakhit, M.A.
  - **The Ottoman Province of Damascus in the Sixteenth Century**, Library du Liban. Beirut. 1982.

* Barbir, Karl.K.
  - **Ottoman Rule in Damascus 1708-1758**. Princeton University. Press 1980.

* Bowen, H.
  - Art. **Akce**, E.I.2, Vol. 2, p. 313

* Browne, W.G.
  - **Travels in Africa, Egypt and Syria, from the year 1797 to 1798**, London. 1799.

* Buckinham.
  - **Travels Amony the Arab Tribes in Habiting the Countries East of Syria and Palestine:** including a journey from Nazereth to Haurn to Bozra Damascus Tripoly Lebanon, London, 1825.

* Burckhard, J. L. I
  - **Travels in Syria and the Holy Land**, John Murray, 1822.

* Elisseeff, N.
  - **Architecture – Khan**, E. I2. Vol.4. p1010-1017.

* Faroghi, S.
  - **Pilgrims and Sultans the Hajj under the ottoman 1518-1683**. London, New York, 1990.

* Gazzal. Z. L.
  - **L-Economie Politugede Damas Durant. Lexix'siecle**. Structures traditionalist et capitalism Damas. Institut francais de Damas 1993.

* Gibb. H.
  - **Islamic Biographical Literature**, Oxford U. Press, 1962.

* Hathaway. Jane
  - The Arab Lands Under Ottoman Rule 1516-1800, Longman, London,2008

* Hakki, I.
  - **Osmanli Tarihi**, IV. Cilt. Hamur, Sayfa.

* Inalcik. H.
  - **The Heyday and Decline of the Ottoman**, Vol 1, Cambridge University Press, 1977.

* Kemp., P.
- **Mousl and Mosuli Hostorians of the Jalili era (1726-1834).** University of Oxford, 1980.

* Laoust. H.
- **Les schismes dans l'Islam. Introduction à une étude de la religion musulmane**, Payot, 1983.

* Mantran. R.
- **North African in the Sixteenth and Seventeenth Centuries**, Vol. 11, Cambridge University Press , 1977.

* Marino, B.
- **Le faubourg du Mīdān à Damas à l'époque ottoman**. Presses de l'Ifpo, 1997.

* Max. L. G.
- **Ottoman Rule in the Province of Damascus 1860-1909**, Georgetown University, 1979.

* Nadel. S.F
- **The concept of Social Elites,** International Social Science Btultin, vol., 8, 1956.

* Pasccaul. J.
- **Familes et fortunes apanas 450 fogrs Damascains en 1700**, Institute francais de dames, Damascus, Syria 1994.

* Porter, J.L.
- **Five Years in Damascus of the History Topography** including on account of the travels and Researchers and Antiquities of that city the palmyra Lebanon and Houran. London, 1855.

* Rafeq, AbdeL-Karim.
- **The Province of Damascus 1732-1783**, Berouth, Lebanon, 1966.
- **The Local Forces in Syria in seventeenth and eighteenth centuries' in V.J. Pary and M. E. Yapp (eds)**, War, Technology and Society in the Middle East, London, 1975.

* Russell, Alex.
- **The Natural History of Aleppo**. 2nd Edition, London, Vol. 1, 1969.

* Shamir.S.
- **Asad Basha Al-azm and Ottoman Rule in Damascus 1743-1758**. Bulletin of School. Of Oriental and African Studies. London, Vol. XXVI, 193, p: 9-25

* Tahsin, G.
- **Yeni Belgelere Göre**, Halil Paşa Yurdu ve İki Saatlik Arazi, 1988.

* Volny. J. F.
- **Travels through Egypt and Syria Trans**, Vol 2, New York, 1798

* William L. Langer and Robert P. Blake
   - **The Rise of the Ottoman Turks and Its Historical Background**. from the American Historical Review, Vol. 37, No. 3 (Apr., 1932), pp. 468-505

* YÜCEL. Y. SEVIM. A.
   - **Turkiye Tarihi**, Kurumu Basımevi, 1989 - Turkey.

* Ziadeh, N.
   - **Urban life in Syria under the Early Mamluk**, Greenwood Press, 1970